微▷创新

小创意推动大变革

[美]乔希·林克纳 著
(Josh Linkner)

王琰 译

中国科学技术出版社
·北京·

A POST HILL PRESS BOOK
Big Little Breakthroughs:
How Small, Everyday Innovations Drive Oversized Results
© 2021 by Josh Linkner.
All Rights Reserved.
The simplified Chinese translation rights arranged through Rightol Media.（本书中文简体版权经由锐拓传媒取得 Email:copyright@rightol.com）

北京市版权局著作权合同登记　图字：01-2023-1900。

图书在版编目（CIP）数据

微创新：小创意推动大变革 /（美）乔希·林克纳（Josh Linkner）著；王琰译 . —北京：中国科学技术出版社，2024.4

书名原文：Big Little Breakthroughs: How Small, Everyday Innovations Drive Oversized Results

ISBN 978-7-5236-0542-4

Ⅰ.①微… Ⅱ.①乔… ②王… Ⅲ.①企业管理—创新管理 Ⅳ.①F270

中国版本图书馆 CIP 数据核字（2024）第 044319 号

策划编辑	申永刚　李　卫	责任编辑	李　卫
封面设计	东合社·安宁	版式设计	蚂蚁设计
责任校对	张晓莉	责任印制	李晓霖

出　　版	中国科学技术出版社
发　　行	中国科学技术出版社有限公司发行部
地　　址	北京市海淀区中关村南大街 16 号
邮　　编	100081
发行电话	010-62173865
传　　真	010-62173081
网　　址	http://www.cspbooks.com.cn

开　　本	880mm×1230mm　1/32
字　　数	196 千字
印　　张	10
版　　次	2024 年 4 月第 1 版
印　　次	2024 年 4 月第 1 次印刷
印　　刷	大厂回族自治县彩虹印刷有限公司
书　　号	ISBN 978-7-5236-0542-4 / F·1219
定　　价	69.00 元

（凡购买本社图书，如有缺页、倒页、脱页者，本社发行部负责调换）

谨以此书献给
我非常想念的两位祖母。
教会我热爱语言的米奇（Mickey），
以及让我明白一切皆有可能的罗尼（Ronnie）。

每件大事的完成都是由一系列小事或者细节组成的。

——凡·高

目 录

引　言　　001

[第一部分　画龙点睛]

第一章　破解令人恍然大悟的时刻　023
第二章　伟大的均衡器　064
第三章　青蛙原理　088
第四章　锻炼创造力"肌肉"　114

[第二部分　日常创新者的八大执念]

第五章　爱上问题　148
第六章　不要等到做好准备再开始　169
第七章　开设实验厨房　180
第八章　不破不立　201
第九章　打破常规　225
第十章　发挥所有潜能　246
第十一章　别忘了晚餐后的薄荷糖　271
第十二章　永不言败　288
第十三章　你的良机　307

致　谢　　311

引 言

INTRODUCTION

在伦敦拥挤的人行道上，一位店主快速穿行，他已经习惯了把自己快要抽完的烟头弹到鹅卵石街道上。当他正要像往常一样把烟头扔掉时，一个亮黄色的物体吸引了他的注意。他一边用手夹着快要抽完的烟头，一边走到维利尔街的人行道边缘，发现一个发光的黄色容器安装在与自己视线齐平的铝柱上。

　　柠檬黄的盒子上用黑色大字写了这样一个问题："谁是你最喜欢的超级英雄，蝙蝠侠还是超人？"为了投票支持钢铁侠，这位店主将烟头丢进了写着"钢铁侠"名字的孔隙里。他透过玻璃，看到被尼古丁染了色的烟头落进容器里，容器里早已堆满了烟头。当他发现自己崇拜的钢铁侠领先于蝙蝠侠时，紧闭的嘴角浮现出几乎察觉不到的微笑。于是，这位店主匆匆走到自己的店铺开门营业，丝毫没有意识到自己已经打破了在拥挤的街道上乱扔垃圾的习惯。

　　虽然每个烟头的长度都不超过1英寸[①]，但乱扔烟头仍是英国最大的垃圾处理问题。仅是伦敦市中心，每年就需要花费超过140万美元清理行人丢弃的烟头。放眼全球，据估计

---

① 1英寸 ≈ 2.54厘米。——编者注

每年被丢弃在街道上的烟头多达45亿个，其释放出的有害元素，会对接触到烟头的儿童或野生动物造成严重的危害。而更出人意料的是，海洋垃圾的最大来源并不是塑料吸管和塑料袋，而是烟头。

环保活动家特雷温·莱斯特里克（Trewin Restorick）试图用自己的创造力拯救地球。他的英式幽默让我想起了詹姆斯·邦德。特雷温平时略显邋遢，曾用价格高昂的燕尾服换了一条褪色的牛仔裤。他是那种让你心甘情愿和他一起在附近酒吧里待上几小时的人，你们一边品尝冰啤酒和热薯条（或者伦敦人喜欢的热啤酒和冷薯条），一边细细品味他的故事。他既不是举世闻名的发明家，也不是演艺界明星。

事实上，特雷温就是像你我这般的普通人。

他对乱扔烟头问题的关注已经到达了极致的程度，他认为这个问题一定是可以解决的。虽然缺乏贵族信托基金或仁慈捐助者的资金支持，但特雷温利用了所有人都有的——每个人都公平享有的创造力。他发明了烟蒂投票箱（Ballot Bin），引导人们"用自己抽剩的烟蒂投票"。

柠檬黄的烟蒂投票箱由粉末喷涂的钢材制成，投票箱的正面装了一层玻璃，它可以安装在柱子、墙壁或栏杆上，也可以定制成任何时髦的样式，印上任何一个"二选一"的问题，例如："你是否支持英国脱欧？""你更愿意看大奖赛（Grand Prix）还是美国公开赛（US Open）？""你最喜欢的食物是比萨还是汉堡？""特朗普的头发是真发还是假发？"随后，吸烟者便可以把抽剩的烟蒂投入他们偏好的选项下方的孔隙中进行投票，周围人立刻就能看出哪个选项处于领先。

其他减少香烟污染的措施基本没有起到任何的效果，但烟蒂投票箱减少了城市街道上高达 80% 的烟蒂垃圾。在短短 45 天内，伦敦维利尔街设立第一个投票箱的视频就吸引了 600 多万人观看。如今，这一极具创造力的烟蒂投票箱已在 27 个国家和地区使用，对全球环境保护产生了重大的影响。

烟蒂投票箱的发明既不需要耗费数年的时间，也不需要投入数百万的经费，更不是经由一群穿着实验室白大褂的超级天才或硅谷技术奇才设计的。实际上，特雷温发明的投票箱只是一个渺小而伟大的突破。

渺小而伟大的突破是一些小小的创意行为，但随着时间的推移会带来巨大的效益。它们大有星火燎原之势。有时这些小创意所带来的益处并不起眼，甚至根本无法察觉，但众多这样的创意合在一起，便可以解决我们最棘手的问题，赢得巨大的收益。总的来说，渺小而伟大的突破就像是无名英雄。相比于那些常人难以想到的改变世界的想法，小创意更能推动世界的进步。

在本书中，我们将探讨世界各地类似特雷温·莱斯特里克这样普通创新者的故事，也会进行相关的前沿研究，消除常见的误区，并打破看似难以逾越的障碍。我们还将研究著名创意大师的习惯，例如雷迪·嘎嘎（Lady Gaga）、斯蒂芬·斯皮尔伯格（Steven Spielberg）和神秘的艺术家班克西（Banksy），解读他们的习惯并借鉴他们的方法。我们也将研究名人、企业家、全球知名品牌的领导者以及疯狂的科学家、发明家充满戏剧性的故事。

为了探明令人惊讶的真相，我们将研究圣巴巴拉的一家高科技化学实验室、柏林的朋克摇滚音乐会、曼哈顿一家油腻的汉堡店以及尼泊尔的救灾工作，探明其幕后鲜为人知的故事。我们甚至也会介绍美国得克萨斯州的监狱和新西兰的帆船赛队。介绍这些例子，都是为了发现实用的释放你的创造力的方法。

本书不仅介绍了相关的故事和科学知识，于我而言，也分享了个人的经历。

从很小的时候起，我就一直觉得自己的性格有些怪异。如果一个房间里有 20 个小孩，那我总会觉得自己是格格不入、被孤立的那个。先说清楚，我并不觉得自己有任何的优越感，而是充满了自我怀疑和不安全感。我大部分时间都觉得自己很奇怪，现在依然如此。

然而，培养自己的创造性技能成了我救赎自己的方式。它不仅帮助我实现了成功，也帮助我度过失败后的失意时光。创造力造就了我，不是因为我生来就有创造力，而是因为我有意在成长的过程中培养自己的创造力。你可能对此仍

| 引 言 |

然持怀疑态度，不如让我们共同来研究一下如何培养自己的创造力，就像学习数学、网球或爵士乐一样。

经过近 30 年的研究和实践经验，我总结出了发现渺小而伟大的突破的原理。我个人曾经使用这些原理来创办和出售科技公司、创办风险投资基金，并且以爵士乐音乐家的身份在世界各地演出，还抚养 4 个漂亮且性格各异的孩子。在本书中，我们将一起探讨一些简单、实用且易于理解的想法。一个出生于美国底特律的孩子总结出的这些经验也一定会适用于你。

和我一样，特雷温也不是什么创意天才。有一天，我们一边喝着特浓咖啡，一边聊着他的大学时光，他说："我绝对不是班上最好的学生。"特雷温成长于一个工人阶级家庭，小时候周围的人并不觉得他将来会有什么远大的前途。大学勉强毕业后，他身上背负着数额不小的学生贷款。毕业后，他回到了他的家乡普利茅斯，一个位于英格兰西南部以造船业为主的小镇。他在当地的市政府找到了一份临时的工作，负责协助培训非技术工人在失业率特别高的时期找到新的工作。从各方面来看，他过着非常朴素的生活，努力工作只能赚到每周的吃穿用度。

但他的内心不甘于此，或许是出于一种本能，他觉得自己的生活不应该这么简单乏味。或许你也曾有过这种感觉，并且内心深处也有过类似的波澜。特雷温很小的时候就开始向往从事与环境相关的事业。他对大自然有着深深的热爱。不知何故,他觉得自己有必要为这个日益污染的世界尽自己的一份力量。

尽管他既没有接受过任何与环境保护有关的培训,也没有相关的经验,但特雷温已然开始做志愿者工作,志愿"打扫"他的家乡。他参与得越多,就越想转行从事与环保有关的事业。2013年,他决定冒险一试,创立了一家名为"喧哗"(Hubbub)的小型非营利性组织。他回忆道:"当时我们没有钱,但有十足的想要成功的野心,我们下定决心想要成功。"

特雷温的主要资产是人的创造力,这是一种我们所有人都有却鲜有人利用过的资源。特雷温并不想借助他人捐赠的金钱来应对复杂的环境挑战,而是通过想象力作为运营公司的资本。他解释说:"我们公司的使命是让每个人都成为环保主义者,无论他是否知道什么是环保主义者。"

为了实现公司的目标,特雷温仔细研究了传统的环保慈善机构,很快就发现了其中的弊端。大多数机构都是利用内疚来试图迫使支持者捐款。而捐款的原因往往又让人觉得太过抽象,这也是大多数机构最终不复存在的关键原因。相比之下,特雷温发现了一个让环保行动变得有趣、便于理解和容易实践的机会。烟蒂投票箱就是一个轻松而简单的举措,这就是为什么这个小小的想法会带来如此大的收益。

借助一系列渺小而伟大的突破,特雷温所创办的非营利性组织终于站稳了脚跟。有一次，他们在一个人来人往的广场上的公共垃圾桶内安装了一个小巧的扬声器，鼓励路过的行人妥善地丢弃自己的垃圾。当你把喝完的咖啡杯丢进垃圾桶时，垃圾桶会用搞怪的声音感谢你；或者在你丢弃不再需要的购物袋后发出打嗝的声音，你还会乱扔垃圾吗？

如今，这家非营利性组织已经发展成为一家拥有近百名全职员工和数千名志愿者的公司，也获得了众多大企业的支持。此外，这家非营利性组织对全球30个国家和地区的环境保护工作产生了重要的积极影响。但千万不要忘记，几年前，一个有着远大梦想的普通人在一个海港小镇创办了这家公司。

有趣的是，特雷温最初并不认为自己是一个极富创造力的人。"我一直认为，一个有创造力的人应该是一位才华横溢的艺术家，或者是一个会表演的人。我认为有创意的人都在从事创意产业，所以我觉得自己一定不是一个有创意的人。"然而，他扩展了自己对创造力的理解，为了实现目标充分发挥自己的想象力，最终获得了成功。

本书不仅适用于一心专注于学术领域的学者，还适用于大公司的首席执行官或穿着连帽衫的科技产业亿万富翁。本书能确保我们每个人都能以自己的方式成为一名艺术家。无论你年龄几何，无论你是斯坦福大学的工商管理硕士（MBA），还是高中就辍学了，本书都可以帮助你成就理想的自己，就像特雷温一样实现他的愿景。

在阅读本书的过程中，你一定能破除创新只适用于最高管理层、高级研发领导者和营销专家的迷思。你会领略到如何将积极的创造力注入公司的各个职能范围，解决公司各项棘手的问题。

本书总结出的方法不仅适用于拥有多个名校学位和多层名人关系的奇才。而且，本书所介绍的创新准则也适用于所有普通人。

- 这本书适用于特雷温·莱斯特里克。
- 这本书适用于想要创造更多业绩并获得晋升的客户服务代表。
- 这本书适用于想要打赢更多官司的律师。
- 这本书适用于试图与行业巨头竞争的初创公司。
- 这本书适用于想要积累实践经验、为更多患者服务的牙医。
- 这本书适用于在与其他行业巨头的竞争中想要获得竞争优势的跨国公司。
- 这本书适用于希望持续立于不败之地的家族企业。
- 这本书适用于希望在竞争激烈的就业市场中脱颖而出的大学毕业生。
- 这本书适用于想要壮大企业规模的小企业主。
- 这本书适用于试图征服全球市场的发展中国家的

| 引 言 |

公司。
- 这本书适用于希望产出更具创造性的设计方案来扩展自身实践的建筑师。
- 这本书适用于希望找到创造性的方法来提高生产效率和安全性的工厂管理者。
- 这本书适用于试图为自己的球队设计出新的战术从而赢得比赛冠军的高中篮球教练。
- 这本书适用于希望自己的剧作能够得到资助的剧作家。
- 这本书适用于希望签下大客户的广告公司。
- 这本书适用于潜力巨大的后起之秀。
- 这本书适用于大企业的高层领导和中层领导。
- 这本书适用于企业家。
- 这本书适用于梦想家和实干家。
- 这本书适用于我们所有人。

点画法

1884 年，当代传奇艺术家乔治·修拉（Georges Seurat）和保罗·西涅克（Paul Signac）从保守的同行中脱颖而出，开创了一种被称为点画法的绘画技术。与当时流行的印象派艺术家将颜料混合成数千种不同的颜色，然后以优雅的笔触在画布上作画的方式不同，修拉和西涅克发明的新绘画方式是使用纯色的精确小点作画。单看混合后的颜料或是作画的方式都不是特别出色，但当以一种创造性的方式将二者组合在一起时，这些小点就编织成令人惊叹的杰作。从那时起，这种作画的方式就一直被研究和推崇。

点画派的新印象派运动恰如其分地体现了渺小而伟大的突破。这种技法的每个点都只用了最基本的颜色，你、我或任何有认知能力的 7 岁孩子都可以轻而易举地画出紫色或黄色的圆点。然而，当一个点与另外一个点结合时，就变成了一件有质感、有深度和充满意义的艺术作品。因此，杰作往往都是许多小创意的集合，而不是单一神圣灵感的宏伟作品。

在本书中，我们将一起探索如何产生大量微小的创意，这些小创意汇集起来就会变成巨大的成果。此外，我们将探讨如何对可以想象的最大突破进行逆向思维，并将其解构成必要的具体步骤。在读完本书后，你便能轻松地创造属于自己的渺小而伟大的突破。

从乔治·修拉的画作《格兰德河上的塞纳河》（*The River Seine at La Grande-Jatte*）到亨利－埃德蒙·克罗斯（Henri-Edmond Cross）的画作《布洛涅森林中的湖》（*The Lake in the Bois de Boulogne*），最著名的点画派作品主要以描绘池塘和湖泊为主。如果夏天的时候你曾经到湖边散步，你一定知道将一块小石头扔进静止的水中会发生什么。当鹅卵石打破平静的水面，石头和水面的接触点会泛起涟漪。一块和口香糖差不多大小的石头可以激起圆形的波浪，一路滑向远处静止的堤岸。

正如我们中学时所学过的那样，涟漪效应是指一个小的波动可以级联成大规模的普遍的影响。历史上看似很小的行为，比如罗莎·帕克斯（Rosa Parks）在美国亚拉巴马州乘坐公共汽车时拒绝给白人让位，随即引发了革命运动和广泛的变革。随着变化的圆环从源头辐射而出，即便再微小的行为，也可以促成很大的变革。

本书就像把一块石头扔进一个平静的池塘，会在平静的水面引发一连串的"事件"。从一个微观的想法开始，我们每个人都有能力创造我们希望做出的改变。在本书中，我们将探讨，一颗小石子与平静的湖面相撞如何创造出辉煌的成就。

不要放弃属于自己的机会

雷鸣般的掌声震耳欲聋。当我与其他 2192 名睁大眼睛的粉丝一起跳起来时，我能感觉到我的心在怦怦直跳，浑身发抖。

那是 2015 年秋天，我意识到自己刚刚见证了历史。大家纷纷起立，掌声持续了很长时间，我的手也因为鼓掌太久都变得麻木了。在纽约市历史悠久的理查德·罗杰斯剧院（Richard Rodgers Theatre）里，我和妻子蒂亚刚刚欣赏完音乐剧《汉密尔顿》（*Hamilton*）。

这是一场令人惊叹的表演，"美国的开国元勋们"进行了一场史诗般的较量。在嘻哈音乐、富有表现力的现代舞和历史人物的衬托下，这部音乐剧成为百老汇有史以来最成功的演出之一。

《汉密尔顿》获得了托尼奖（Tony Awards）、普利策奖（Pulitzer Prize）、格莱美奖（Grammy）和公告牌音乐奖（Billboard Music Award）等11项大奖。《滚石》杂志和公告牌音乐奖都把其列为2015年最佳专辑，《纽约客》（*New Yorker*）称该剧目为"重现历史和文化的巨作"。2016年11月，它又打破了百老汇单周票房纪录，仅8场演出就获得了330万美元的票房收入。截至2020年1月，总票房收入超过6.25亿美元，成为百老汇历史上第七大成功的演出。2020年7月，迪士尼投入7500万美元在其流媒体平台上播放这部音乐剧。

抢到《汉密尔顿》门票的困难程度不亚于观看洋基队的比赛时，从看台上徒手接到飞过来的橄榄球。如果你有幸抢到一张门票，就需要支付高达2500美元的费用。

《汉密尔顿》不是由安德鲁·劳埃德·韦伯（Andrew Lloyd Webber）或斯蒂芬·桑德海姆（Stephen Sondheim）这样的百老汇顶级导演所创作的，而是林-曼努尔·米兰达

（Lin-Manuel Miranda）的作品。年仅 35 岁的他就创作出了万人空巷的作品。实际上早年间，他还没到能点啤酒的年龄，就写出了自己的第一部百老汇巨作《身在高地》（In the Heights）。

这么年轻就能取得如此巨大的成就，人们会理所当然地认为米兰达天生就是一位传奇人物。大家都认为百里挑一的艺术大师生来就极富创意，他被认为是那个时代的贝多芬。于是人们得出了这样的结论：上帝赋予了他超凡脱俗的才能，他那乐神般的天赋是我们这些凡人无法企及的。

然而，他的人生经历却完全出乎我们的意料。米兰达出生后就随父母移民美国，在纽约市的英伍德社区长大。这个社区居住的大多是西班牙裔的工人阶层。他从小就不是一个聪明的孩子，也一直不自信，还被周围的孩子孤立。他的脸上长满了青春痘，也经常被欺负，女朋友最后也甩了他。他在足球队里也算不上 1 号主力，甚至连 3 号主力都算不上。虽然后期在音乐领域取得了杰出的成绩，但他也并非毕业于茱莉亚音乐学院（Juilliard School）这样的名校。

所以，米兰达的现实境况在很多方面都和你我一样，并且他现在依然如此。

2018 年成名后，米兰达说："不论任何时候，在创作某个作品时，你都会经历很多个阶段。你会经历'我是个冒牌货'的阶段，也会经历'认为自己永远都做不到'的阶段。有时候,我创作的过程并没有想象的那么顺利。我很难在'不自责'和'不在创作的过程中浪费时间'之间找到平衡。"

没错。我们也会经常困囿于传奇的创造力之中。

米兰达花了很长时间才练就现在的嗓音。他一点一点地打磨自己的作品,就像焊工一点一点地练习自己的手艺一样。在这个过程中,他也曾创作过难听的音乐,写过无聊透顶的故事,数百个想法最后都落空了。他经历过起起伏伏,但磨难多过顺遂的时光。其间,他也充满了自我怀疑和不确定,深陷焦虑和恐惧的困扰。他并不是一位创作天才,而是一步步地成长为一位音乐奇才。

如果他能一步步获得成功,那么我们是不是也可以呢?

在研究了许多著名的发明家、企业家、音乐家和艺术家的生平履历之后,我了解到突破性的创造力更像是一种魔术,不能算是巫术。在神话世界里,巫师拥有与生俱来的力量,他们可以施法并活上一千年。相比之下,魔术师只是会"创造魔法",但实际上并没有天生的特异功能。大卫·布莱恩(David Blaine)是一位魔术师,不是巫师,虽然他用看似不可能的表演征服了观众,但这些都不是魔法。他只是学习并练习了一种魔术技能,当他练习到一定水平时,就会呈现出一种魔幻的感觉。

这正是人的创造力发挥作用的方式。创造力是一种可以学习的通用技能,而不是少数人与生俱来的生物学优势。不

| 引 言 |

论是碧昂丝还是吉米·亨德里克斯,不论是亨利·福特还是埃隆·马斯克,不论是毕加索还是乔治亚·欧姬芙,大师级的创作者都能开发和练习自身的创造性技能。虽然他们在一定程度上可能具有一定的天赋,但他们取得的成就更多的是源自他们的习惯而不是他们的基因。

想象一下,如果米兰达从未培养过自己的才能,也没有向世界展示过他的创造力,那将是多么的遗憾。这个世界就不会有《汉密尔顿》,也不会有《身在高地》这样的名作,也没有《海洋奇缘》(*Moana*)的配乐,这个世界将会错过他所创作的绝美音乐。如果他从未磨砺过自己的天赋,那将是一种巨大的浪费。想象一下,如果他只是为了勉强度日而谋得一份卑微的工作,那么他的才能将彻底埋没。但值得庆幸的是,米兰达抓住了属于自己的机会,就像同是移民出身的亚历山大·汉密尔顿那样,他并没有放弃自己的创造才能。

小想法的惊人力量

想出大创意的压力会让人感到难以承受。我们知道,在这个科技进步和竞争激烈的时代,大胆的创新至关重要,但当涉及突破性思维时,我们常常会陷入僵局。

最有效的创新者不会追求价值100亿美元的首次公开募股(IPO)或诺贝尔奖,而是专注于更小的目标。哈佛大学教授史泰芬·汤克（Stefan Thomke）指出：77%的经济增长归功于微小的创造性进步，而不是突破性的创新。虽然改变世界颇具吸引力，但真正推动经济发展的是渺小而伟大的突破。

在我读五年级时，世界青少年棒球联盟的教练要求我们打出全垒打，但如果我们想变得更具创造力，那就应该采取完全相反的做法（顺便说一句，我在那个赛季的最后一场比赛中使用这种策略，三击未中，比赛出局，正式结束了我对棒球荣耀的追求）。相反，培养日常创造力的习惯尽管有悖常理，却是一条有效的路径。小的创意行为会带来诸多微小的胜利，日常实践也是实现我们期望的巨大突破的最快途径。

本书介绍了一种具体而实用的方法来释放你长期不用的创造力。阅读本书的过程中，你会学到如何释放出日常的创意小火花，随着时间的推移，累积产生丰硕的成果。这本书并不是向你介绍激动人心的、极具冒险精神的和成本昂贵的登月计划，而是让你了解如何培养大量的微创新，提升自己急需的技能，从而引发巨大的转变，继而提升承担创意风险的自信。

本书的第一部分将重点分析人类的创造力，剖析和揭开创意过程的神秘面纱，向神经科学家、亿万富翁、研究员等学习如何激发创意灵感。继而，我们将深入探讨各类人物和各行各业对创造性解决问题和创造性思维的需求。我们还将探索如何逐步将创意塑造成自己的肌肉记忆。

读完本书的第一部分,你将为后续的学习打下基础,了解创造力的运作方式、创新的来源以及如何培养自己的技能。这部分内容将有助于你破除迷思,扫清前进的障碍,隔绝自满的有害言论。你会感觉自己精力充沛,甚至会觉得沉醉其中,准备好将自己的能力提升到一个新的水平。

第二部分介绍了创造性思维和创造性解决问题的系统框架。我们将通过对比传奇人物与不能适应环境的普通人、英雄与麻烦制造者的故事来分析日常创新者的八大执念。这一部分将仔细分析他们的心态,了解他们成功的秘诀,然后借用他们的战术。

简而言之,第二部分将重点介绍实现渺小而伟大的突破所需的所有工具。你不仅会受到启发,也会享受其中的乐趣,并总结出适合自己的方法,从而实现并利用渺小而伟大的创新,为自己创造强大的竞争优势。在此过程中,你可能会非常开心,也可能会感到非常惊讶,甚至会在鸡尾酒会上获得新的发现。

在我们共同学习的时间里,我希望你考虑升级一些日常的设备,从配备117兆像素摄像头的新手机到必备的液化搅拌机等;升级现有的笔记本电脑、小型货车和割草机。在工作中,你可以升级目前的生产设备、办公家具。对于个人生活而言，我们需要努力改善自己的人际关系、健康状况。在探索渺小而伟大的突破的过程中，让我们将目光投向创意升级。

对于初学者而言，我不建议过快地从严格遵循规则的人直接跳跃到喧闹而活泼的伦勃朗[①]。相反，我们可以先考虑5%的创意升级，5%是我们所有人都可以实现的增长幅度。仅仅是将创新能力提升5%，就可以在整体表现上取得巨大的提升。5%的创意升级不仅可以帮助你增加收入，还可以帮助你在生活中重要的方方面面都能获益更多。最重要的是，5%的升级完全在你的掌握之中。

让我们一起破除迷信，了解科学，拥抱创新的思维方式，争取实现大量渺小而伟大的突破，帮助自己取得预期的进步。预祝你的这段旅程一路开心。

那么，请泡一杯双份浓缩咖啡，一起开始我们的旅程吧。

[①] 伦勃朗：欧洲巴洛克绘画艺术的代表画家之一，也是17世纪荷兰黄金时代绘画的主要人物，被称为荷兰历史上最伟大的画家。——编者注

第一部分

PART 1

画龙点睛

第一章
破解令人恍然大悟的时刻

在完成每天高强度的锻炼后，卡隆·布罗珊（Caron Proschan）特别想要吃一点儿提神醒脑的东西。所以，结束锻炼后，她喝了一些纯净水，就伸手拿起她钟爱的口香糖，但总觉得哪里不对。

卡隆热衷于追求健康的生活方式，吃有机食品，爱护环境。她从散发着麝香味的健身包里掏出那包皱巴巴的口香糖，感到很困惑。为什么一些被认为是提神醒脑的东西，其热量却等同于吃了半个奶油蛋糕？于是，她冲回自己位于布鲁克林的公寓，迫不及待地想要在网上寻找是否有更健康的选择。是否有有机的、非转基因的、自由放养的、草食的、全天然的、环保的提神食品，她觉得一定会有一种更健康的口香糖。

她对自己的发现感到震惊，因为她好像没有找到任何更健康的替代产品，于是卡隆想出了一个好主意。如果她创办一家生产健康口香糖的公司，用纯天然的原料生产口香糖，能满足那些喜欢麦草鸡尾酒和巴西莓、不喜欢伏特加和三豆辣椒的人的口味和喜好，结果会怎样？当时，全球口香糖行业的估值大约是 260 亿美元，但从颜色到成分，再到对生态有害的包装，大多数元素都不是纯天然的，所以卡隆决定改变这一切。

她要创办一家公司的梦想由此诞生了，卡隆给它起了一个非常简单的名字"Simply Gum"。

多年来，我一直想要经历那个神奇的"恍然大悟"的时刻，也就是那些改变世界的神奇时刻。这些改变世界的想法从何而来？为什么有些人会比其他人拥有更多"恍然大悟"的想法？是否只有那些超级天才、学者和艺术家才能拥有令人惊叹的想法？有没有一种方法可以让你我这样的普通人产生更多、更好的想法？

在本章中，我们将非常细致地分析创意构思的过程，重点分析人的大脑如何形成新的想法。在此基础上，我们将了解构思过程的心理状态以及创意是如何产生的。所以，让我们一起来破解令人恍然大悟的时刻。

回到卡隆在厨房里的那一刻，当她的新想法第一次出现在脑海中时，思维的火花很容易像我们脑海中出现过的许多其他火花一样迅速熄灭。考虑到卡隆没有任何行业经验，没有启动资本、加工技术或分销关系，创办一家口香糖公司这个想法很可能是她最快放弃的想法之一。

事实却恰恰相反，卡隆极力保护、培育和发展了这个想法，于是创办一家口香糖公司的想法迅速在她的脑海中生根发芽。首先，卡隆必须尽可能细致地了解口香糖行业。她了解到，箭牌（Wrigley）和吉百利（Cadbury）这两家跨国巨头公司占据了全球口香糖市场60%的份额。她还了解到，美国食品药品监督管理局（Food and Drug Administration，FDA）允许制造商在包装上出现"香糖胶基"这一笼统的说法。但经过进一步的研究后，她发现，"香糖胶基"这种模糊的概念实际涵盖了80多种合成成分，包括塑料。她对口香糖了解得越多，就越认同人们常说的"千万不要把口香糖咽下去"的生活常识。

她的目标是生产出健康的口香糖，而她的敌人是口香糖行业的寡头垄断。所以，现在她只需要一个产品、一个品牌、加工流水线、团队、资金、制造设备、分销、包装、库存、机器设备，以及足够的利润来购买几批冷榨蔬菜汁让自己保持活力。之后她一边走路，一边嚼口香糖，同时最大限度地开发自己的创造力。

没有受过任何正规的培训，也没有先进的加工设备，卡隆只能在自己的厨房里做实验，她的厨房刚刚能容下制作口香糖的实验设备。于是，她很快就想出了健康口香糖的创意，但她点灯熬夜了一整年才弄清楚如何制作口香糖。这期间，她尝试了你能想象到的所有天然成分，进行了数千次实验。

为了在去除口香糖中的塑料成分后，依然保持口香糖的嚼劲和弹性，通过不断地摸索，她找到了另一种方法，将塑料替换成纯天然的树胶。为了最终生产出一种口感适宜、味道良好、咀嚼时间足以与其他口香糖竞争的产品，她制作口香糖的方法变得比发明一种治疗慢性类风湿性关节炎的治疗方法还要复杂。

"我没有学过化学，甚至连做饭都不会。独自一人在厨房里制作口香糖对我来说绝对是一个挑战。"当我们坐在波光粼粼的泉水旁时，卡隆告诉我，"我刚开始制作和试验时，感觉非常乏味，我甚至不知道自己在做什么。但一年后，我终于能够制作出一种口感与市面上的口香糖毫无二致的纯天然口香糖了。"

这是一种可降解的口香糖，其他任何主要的竞争对手都没有做到这一点。它不添加任何人造的香料或成分，既不伤害身体，也不会污染环境。在一个几十年来几乎没有任何创新的行业中，卡隆开始着手改造口香糖，就好像莱特兄弟着手改造交通工具那样。

虽然终于可以自己制作出口香糖了，但她的挑战还远未结束。很多时候，创新的过程就像是打地鼠游戏，击倒一个障碍，会立刻出现三个新的障碍。口香糖的制作问题解决了，现在要开始调整它的口味了。

大多数口香糖都提供明显可预测的口味供食用者选择，

如清凉薄荷味或棉花糖口味。但"Simply Gum"出其不意地生产了生姜、枫木和茴香等天然香料口味的产品。卡隆甚至生产出了组合口味,例如融合了葡萄柚、仙人掌、辣椒和海盐的"Cleanse 系列";融合了柠檬草、姜黄和辣椒的"Boost 系列";融合了酸橙、辣椒和海盐的"Revive 系列"。

虽然口香糖很棒,口味也非常独特……但在步梯房的厨房里,利用一台双灶灶炉也只能制作数量有限的口香糖。考虑到设备、人工和房租的高成本,最好的解决方案是外包加工。制造业是一个非常复杂的行业,存在许多安全隐患,设备也经常出现故障。但卡隆没有遵循传统,而是选择在布鲁克林建立自己的加工工厂。

卡隆告诉我:"我没有任何从事制造业的经验,所以学习制作口香糖对我来说绝非一件易事。但制作口香糖是我们的工作中非常重要的环节,其他人无法采取我们这样的方式制作口香糖。即使是现在,依然有人询问我们,是否可以培训他们如何制作口香糖。交给第三方加工显然更加容易,但是拥有自己的制造工厂给了我们一定程度的控制权和灵活性,这也是第三方加工所不具备的优势。我很高兴我们能够自己加工。事实证明,自己加工的确是一种竞争优势。"

从某种程度上来说,自行加工可以确保做出高品质的产品。但卡隆并不只满足于自己生产口香糖,而是决定创办一家公司。若想发展壮大一家公司,则需要更多的想法。如果说她制作香糖胶基的原料源自中美洲的人心果树,那么想象力就是她创办公司的原材料。当然她还需要更多的原材料,比如创新列表的下一步:完成包装的创新。

卡隆想要一款辨识度较高、充满现代感、诱人且高档的包装,于是她决定自己设计产品的包装,尽管她没有接受过任何的设计培训,也没有设计的经验。她笑着告诉我:"我认为最成功的地方在于,我们没有使用任何消费性包装公司所做的设计,因为他们给出的设计方案很可能与市面上其他版本雷同。如果我能把自己视为一个局外人来看待自己的产品,跳出固有的思维模式,也许就能设计出一种完全不同的产品包装,这对我们来说非常重要。苹果公司的产品包装给了我不少灵感,他们的产品包装几乎能吸引所有的客户,不论是男性还是女性,不论是什么年龄群体,对任何人都具有同样的吸引力。"

卡隆了解了数百个与之有关的设计概念,也经历了数百次的失败和失误,最终设计出一款能够在现代艺术博物馆展出的包装。漂亮、干净、哑光的白色外盒上印有口香糖原材料的照片,与宝宝乐(Bubble Yum)有着明显的区别。包装的标签印有口香糖中所有纯天然成分的名称,并没有引用美国食品和药物管理局所规定的晦涩难懂的专业术语,这些术语大多是由穿着细条纹西装的游说者在铺满木地板的牛排餐馆里享受昂贵晚餐时构想出来的。卡隆解释说:"我们在包装

第一章 破解令人恍然大悟的时刻

方面也做出了一些创新。包装盒的背面装有一些小包装纸，以便消费者快速且干净地丢弃咀嚼后的口香糖。客户都很喜欢这种新包装。你有多少次遇到想要丢弃口香糖却找不到餐巾纸的情况？

只有美味的纯天然口香糖和时尚的包装还远远不够。一个没有行业人脉的个体创业者如何将自己的口香糖陈列到商店的货架上？卡隆解释说："我在塔吉特（Target）和克罗格（Kroger）① 没有任何人脉。所以，我很清楚我们不能采取这样的方式上架自己的产品。所以刚开始的时候，我简直忙疯了，只能挨家挨户从当地最小的商店开始推销自己的产品。我去了纽约哥伦布环岛的全食超市（Whole Foods）。当时，这家当地的门店能够自行决定进货品类。于是，我又花了七八个月的时间才说服那家商店选购我的口香糖。"

那两年，我无比忙碌，经历了无数次被拒绝，不知道在简陋的汽车旅馆里度过了多少个夜晚，最终建立了可靠的分销渠道。

当"Simply Gum"在常规超市上架后，卡隆继续打破传统思维，突破性地寻找新的销售渠道，这一点与那些庞大的竞争对手完全不同。如今，"Simply Gum"是美国一些专卖店中唯一售卖的口香糖。她还通过"Simply Gum"的网站直接

---

① 塔吉特和克罗格是美国两家超市的名称。——译者注

向消费者销售口香糖，这种做法历来是口香糖行业的禁忌。但她总是反其道而行之，寻找创造性的方法来壮大自己的业务，同时采用了直销和零售商销售的双重策略。卡隆挖掘出了所有将自己研发的天然口香糖销售到顾客手中的新方法。所以，她的产品现在是亚马逊上最畅销的口香糖之一。

2017年，卡隆将自己的业务版图扩展到了薄荷糖领域。薄荷糖具有和口香糖类似的提神醒脑功能，因此，她把所有的理念都延伸到了薄荷糖相关业务的运营上。就像口香糖一样，她必须再次弄清楚产品、包装、口味、制作方式和分销途径。她再一次通过自己的创造力和毅力获得了成功。

如今，"Simply Gum"依然在蓬勃发展。超过一万家零售店都在售卖"Simply Gum"的产品，它成为天然口香糖行业中销量第一的产品，也吸引了众多的模仿者。即使在与那些市值数十亿美元的老牌竞争对手的竞争中，卡隆也能找到方法来推销自己的产品，继而扩大规模，并最终赢得胜利。

"Simply Gum"口香糖不只是一个孤立的创意，然后盲目执行。卡隆的成功是基于数百个渺小而伟大的突破。最初的想法是制作健康口香糖，首先研究和剖析口香糖行业，使用树胶代替塑料；其次研制出咖啡豆口味的口香糖代替橙子口味。自行加工制造这一最重要的创意以及数千项微创新使卡隆获得了成功。这些微创新包括：直销和零售商销售；想办法在全食超市上架产品；高档、华丽的包装；将业务扩展到薄荷糖领域等。

卡隆做出了这么多相互关联的渺小而伟大的突破，或许我们会认为她是一个创意天才。当她还只是一个蹒跚学步的孩子时，卡隆就已经能坐在高脚椅上用胡萝卜泥画出令人惊叹的海景，同时流利地说着她上周四学过的浪漫语言。

然而，即使她取得了这么多令人惊叹的成就，即便我反复称赞她的聪明才智，卡隆依然不认为自己是一个有创造力的人。"你这么说真有趣。实际上，直到今天，我仍然不认为自己有创造力，但事实告诉我，我应该是有创造力的。我在成长过程中并没有展现出传统意义上的创造力，也没有培养出任何创造性的爱好。我不喜欢音乐，不喜欢绘画，也不喜欢艺术。我认为我用其他方式展现了自己的创造力，比如制作口香糖。我想这就是我表达创造力的方式。你是对的，创立一家公司、设计一种新包装，这些实际上都是具有创造力的工作。我觉得直到现在，我才真正意识到这一点。"

卡隆的创业故事在很多方面都让我十分向往。她没有经验、没有资金、没有接受过任何正规的培训，就能在一个竞争激烈的行业中创办一家非常成功的公司。她无法轻松地得到任何东西，必须依靠自己解决所有问题，应对极端困难的状况。她之所以取得现在的成就，不是基于某个单一的灵感，而是对业务进行全方位的创新。正是这几十项微小的创新，才使她有能力在最激烈的竞争中赢得胜利。所以一直以来，她并不认为自己是一个特别有创造力的人。

卡隆对口香糖行业创新的追求堪称一部经典史诗，为我们探索创意的产生、了解创意产生的过程做好了铺垫。

你的大脑如何产生创意

当我们听到像卡隆这类创业者的故事，或者像米兰达这样广为人知的艺术大师的故事时，我们一定会认为这些人拥有一些我们普通人所不具备的特殊天赋。仿佛众神下凡，赋予了天选之子一些神奇的力量。我们普通人一直认为，我们无法决定自己是否具有创造力。

我们一生都在接受这样完全错误的观念。

在过去的10年中，神经科学家在有关人类大脑的研究方面取得了巨大的飞跃。这一大胆的发现大部分是功能性核磁共振等先进技术带来的成果，它提供了有史以来最清晰的信息，并解开了大脑如何运转的百年之谜。

神经可塑性的概念就是其中一项重要的发现，现在已经在科学界被广泛接受。直到最近，人们普遍认为人的大脑是固定不变的，它只是按照自己的方式连接。或许你听说过诸如脑细胞无法再生，或者认知是静态设备的产物，无法调节或发展之类的谬论。

假如你的大脑是一台在旧货拍卖会上买来的割草机，那么或许真没有什么可升级的地方，还不如买一台全新的电动割草机。

事实证明，大脑与无法升级的旧割草机毫无相似之处，人的大脑更像是草坪。草坪具有延展性，可以适应周围环境、肥料、杀虫剂、新种子的变化，甚至能根据邻居那爱叫的棕色贵宾犬做出反应。如果你从来不给草坪浇水，它就会逐渐退化成一片焦土。如果不加修剪，它就会变成一片难看的杂草田。但如果你在草坪上种下了新种子，并定期施肥、浇水、修剪，保护、爱护你的草坪，它一定会长成一片翠绿的草坪，变成一块令人羡慕的绿地。草坪能够对周围的变化做出反应，它可以茁壮成长或是枯死，可以长势喜人或变成一片荒地，可能被美化或是被污染。只要照顾得当，它可以迅速一改枯萎的旧貌，恢复生机，再次茁壮成长，呈现一片翠绿的景象。

这就阐明了神经可塑性研究的突破之处：人的大脑不是固定不变的，人的大脑可以改变、适应和发育。2017 年，科学杂志《心理学前沿：听觉认知神经科学》(*Frontiers in Psychology: Auditory Cognitive Neuroscience*) 上的一篇文章，对神经可塑性做出了最通俗的定义："神经可塑性可以被视为一个涵盖性的术语，指的是大脑在人的一生中对结构和功能进行修改、调整和适应的能力，以及根据经验做出反应的能力。"（专业提示：阅读神经科学有关的文章是治疗失眠的绝佳方法。）

戴着眼镜的科学家为什么会想从实验室的办公桌旁站起来排队跳舞？这证明我们的大脑能够形成新的通路、突触和连接。我们不只是在谈论学习，我们正在谈论大脑的化学成分和形成的实际变化。就像煤可以变成钻石，流鼻涕的青少年最终会长得一表人才一样，人的大脑也是可以塑造和发展的。谈到人的创造力，我在此想要提出一个大胆的设想，创造一个新的名词：**创新可塑性**（INNOplasticity）。

在其"老大哥"神经可塑性的基础上，创新可塑性是指人的创造力就像人的大脑一样是可以发展的。从上述定义中替换掉几个词，我们就可以得出创新可塑性的概念，即"创新可塑性是一个通用的概括性术语，指的是一种在一生中改变、适应和增长创造力的能力，并响应培训、发展和经验。"

"创新可塑性"用一种巧妙的方式说明，人的创造性潜力远远大于一个人在出生、高二甚至现在所具备的创造力。所有人都可以培养和提高自己的想象力，大脑就像门前的草坪一样，可以变得更好。卡隆可以做到，你一样可以做到。这些变化发生的速度之快可能超乎你的想象。

了不起的家伙

我们大多数人都体会过那种让自己感到脊背发凉的惊叹

感。一家名为"La Darsena"的户外咖啡馆位于意大利科莫湖畔小镇,它家的手工意大利面非常有嚼劲。

意大利的伦巴第大区距离那家卖意大利面的餐厅只有74分钟的车程,研究人员为了衡量敬畏感对创造力的影响,专门为此展开了一项研究。2018年,意大利天主教圣心大学和日内瓦韦伯斯特大学的研究人员共同开展了这项研究,吸引了许多志愿者自愿参与。

研究人员给每位参与者都分发了一个虚拟现实耳机,要求他们观看一部短片。所有的志愿者被随机分成两组,一半的参与者观看了一段令人惊叹的视频,视频中描绘了令人惊叹的自然场景,雄伟的红杉树、海底的巨浪冲刷着陡峭的悬崖、彩虹色的鱼群环绕着珊瑚礁游行。而另一半不太幸运的参与者则观看了一段令人难以置信的沉闷视频,还要尽力打起精神,视频中有一只母鸡在草地上游荡。

观看完视频后,参与者被要求立即完成托兰斯创造性思维测验(Torrance Test of Creative Thinking)的部分内容,托兰斯创造性思维测验是业界公认的衡量创造力的黄金测试。两组受试者人数相同,都来自同一地理区域,具有相似的教育背景和工作经历,因此我们预想两组受试者的测试结果基本相同。但受试者简单观看过惊叹或沉闷的视频之后,对创意的萌发产生了巨大影响。事实上,第一组受试者体验过惊叹的感觉后,在创造力方面碾压第二组受试者,就像职业橄榄球队运动员在比赛中碾压一组高中新生一样。

托兰斯测验主要评测创造力的 4 个组成部分：流畅性、灵活性、精细性和独创性。在具体的测验中，惊叹组在流畅性方面比无聊组高出 70%，在灵活性方面高出 69%，在精细性方面高出 79%，在独创性方面高出 114%。从各小组的平均表现来看，仅仅是在执行创造性任务之前有过一次令人鼓舞的惊叹经历，他们的表现就比同伴高出 83%。

无论受试者在参与这项研究之前是否认为自己有创造力，只要让他们体验过惊叹的感觉，就会大大提高他们的创造力表现。如此微小的环境变化为何在创造力的产出中发挥如此巨大的作用？最关键的原因在于：每个人都有巨大的创造力储备，只不过它处于休眠状态，等待被释放。提升的效果如此之大，表明受试者本身就具备不俗的能力，但由于无法快速地学习和掌握新技能，所以这些能力被隐藏起来，只能等待有人打开创意的大门，才能释放相应的能力。

2014 年，斯坦福大学的研究人员也进行了一项类似的实验，其灵感来自当地的一位英雄——史蒂夫·乔布斯（Steve Jobs）。乔布斯不仅因他在公司里爱发脾气而闻名，大多数与他会面的人还发现他基本都是边走边谈，很少处于坐下来聊天的状态。因此，斯坦福的团队想知道走路是否能够提升人的创造力。难道走路是乔布斯如此才华横溢的关键原因之一吗？

于是他们针对176名未成年学生和成人进行了一项研究，测试走路如何影响创造力的产出。研究人员进行了各种有关步行的实验，从而了解持续时间、风景、天气和同伴如何影响人的创造力。在步行结束后，研究人员要求受试者立即接受发散思维测试，其中包括想出某个物品不常用的用途。例如，研究人员向受试者展示轮胎的图片后，其中一个受试者可能会提出，这个轮胎可以用作绿巨人的尾戒。

研究人员剔除了其他的影响因素，从而确定走路对创造力的影响。其结果表明：与坐着会谈相比，步行时的创意产出平均增加了60%。不是0.6%，也不是6%，而是60%。

除了让人们处于一个陌生的环境之中并允许他们在走路时缩小视野范围之外，提升创造力的另一个因素可能是脑源性神经营养因子（BDNF）。

哈佛大学的约翰·瑞迪（John Ratey）博士将脑源性神经营养因子称为"大脑的奇迹"。在运动之后，大脑会释放出一种蛋白质家族，脑源性神经营养因子与脑细胞结合，能够使脑细胞保持新鲜和活力。脑源性神经营养因子蛋白主要针对大脑的海马区（影响创造力的关键区域），刺激神经。简单地说，身体的移动会触发脑源性神经营养因子的产生，而脑源性神经营养因子反过来又会刺激大脑中影响想象力的关键部分。

不知你是否还记得，最初令卡隆恍然大悟的时刻恰恰就是在她完成锻炼之后。因此,她的脑源性神经营养因子的快速增长对之后的口香糖研发做出了不可磨灭的贡献。

意大利的惊叹研究和斯坦福大学的步行研究都表明,人的创造力不是固定不变的,而是会受到外部因素的影响。此外,还有几十个类似的研究相继表明,创造力水平就像人的体重一样,是动态变化的,而不像成年人的身高那样固定不变。我不可能在 50 岁后还奇迹般地长高 11 英寸(约 28 厘米),但体重的确会因为我吃了山莓果酱甜甜圈相应地增长。

不要窃取我的想象力

积极的外部因素显然可以提高人的创造力,但正如你所料,消极的外部因素可能也会把创造力消耗殆尽。不幸的是,大多数人都源源不断地受到这些负面因素的影响,导致大多数成年人的创造力无法得到充分利用。

早在 1968 年,乔治·兰德(George Land)博士就进行了一项现在依旧非常有影响力的实验。为了帮助美国航空航天局(NASA)挑选创新科学家和工程师,他设计了一项创造力测试。在这之后,他对 1600 名 3~5 岁的儿童进行了同样的测试。然后,在这些孩子长到 10 岁和 15 岁的时候再次进行同样的测试。该测试旨在通过控制外部因素的影响,衡量受试者的创造力水平随时间因素的变化情况。结果令人瞠

第一章 破解令人恍然大悟的时刻

目结舌：

3~5 岁儿童的平均测验分数为 98 分。

10 岁孩子的平均测验分数为 30 分。

15 岁孩子的平均测验分数为 12 分。

对 280000 名成年人进行相同的测试，平均测验分数为 2 分。

兰德这样写道："我们得出的结论是，非创造性的行为是后天习得的。"就像人的大脑会发育，会变得更有创造力一样，一些人会经历这样的发育历程。不幸的是，大多数人会经历相反的历程，并没有提升创造能力，而是变得越来越缺乏创造力。有人说，人在刚上幼儿园时会选用全套彩色蜡笔，但在高中毕业时只会用蓝色圆珠笔。

这样的统计数据，不禁令人愤怒。当今这个时代比以往任何时候都更需要我们充分发挥创造力，我们却默许抑制自己的创造力。究其根本，是多种复杂因素共同作用的结果。父母出于好意竭力照顾好我们，避免让我们自己探索；学校的教育制度是在医生能一边抽烟一边给病人体检的时代设计出来的；许多老板一心想要保住自己在公司的领导职位而无暇进行任何创新。我们需要通过自己的努力才能克服这些因素，继而找到自己想象力匮乏的原因。

渺小而伟大的突破的基础知识

与航班取消后航空公司机票柜台前的混乱场面相比,"创新"等名词的含义更令人费解。我认为所有人都能就此问题发表见解。

我们先从想象力说起。想象力是形成创造力和创新的原材料。我们可以把想象力理解为我们设想任何新事物的能力。想象一下,世界上最高的摩天大楼横着漂浮在苏伊士运河上,大楼的表面覆盖着20世纪80年代流行的柔和菱形图案;或者想象一只形状奇特的山羊能够完成研究生水平的三角学计算,以上都是阐述想象力的例子。据我所知,这些东西在现实世界中并不存在,所以若想描述这样的场景需要发挥我们的想象力。

你可能也发现了,我所列举的摩天大楼和山羊的例子没有一点儿实际的效用和价值。虽然两者都是新颖的想法,但哪个想法都不能让我因此而获得皮博迪奖①(Peabody Award)。若想让想象力在食物链的上游转化为创造力,必须具有一定的内在价值。

当我4岁的孩子阿维用相扑选手的力量敲击我的钢琴

---

① 以严肃著称的美国广播电视文化成就奖,是全球广播电视媒体界历史最悠久、最具权威的奖项。——编者注

时，他正在做一些富有想象力但并不那么有创意的事情。尽管他每分钟弹奏的音符数量可能与大名鼎鼎的爵士钢琴家赫比·汉考克（Herbie Hancock）差不多，但恐怕阿维根本无法威胁到赫比的音乐地位。

接下来，我们可以将创造力定义为具有想象力的东西（新颖、新鲜、新兴的东西），并且具有一定的内在价值。赫比·汉考克会按照一套特定的演奏规则，仔细选择需要弹奏哪些音符以及如何演奏。此外，他还需要决定不弹奏哪些音符，因此在创作动人的乐曲时，他需要做出大量的推理和判断。而阿维可能只是用记号笔在钢琴上做记号，或者研究他的三明治如何能够恰到好处地夹在琴键之间。虽然这很有想象力，但没有创意。

当创造力能够升级成创新时，便会产生实际的"效用"。换言之，创造性行为是否能产生有用的东西？如果我把5桶霓虹漆倒在我妻子蒂亚（Tia）的车上，那只是想象力。但是这类没有价值或效用的原始想象力导致的最终结果是，我的妻子会惩罚我在沙发上睡6个月。但如果她想在她的车上画一条赛车的条纹，而我仔细地用她最喜欢的颜色画出一条火红色的条纹，那么她对新奇的渴望加上我不那么靠谱的绘画技术，可能会碰撞出一些他人看来有创意的成果。所以，创造力是因人而异的东西。蒂亚可能会觉得车上刚画的条纹很碍眼，而我可能会赞赏它的艺术价值。当然，创造力是主观的，就像音乐、雕塑、诗歌等艺术形式一样。

在此之后，如果我能够发明一种新的油漆化合物，它可以根据电流变换颜色，能够使车主每天早上都可以通过仪表板上的按钮选择车漆的颜色，那这就是创新。它能产生实际的效用，也能获得相应的利润，所创造的利润足够资助我购买绘画课程。

让我们简单地重述一下：

> 想象力＝任何新想法
> 创造力＝具有艺术或其他价值的新想法
> 创新＝具有实用性的创意

规模是否重要

出于某种原因，我们一直认为，创造力和创新需要有类似 1989 年旧金山地震那样宏大的规模。

你或许也知道，地震的测量单位是里氏震级。根据《美国传统科学词典》(The American Heritage Dictionary)的定义，里氏震级指的是"根据地震仪的振幅所显示的地震震级的数字标度"。简言之，数值越高，地震所造成的伤害就越大。旧金山地震是一场灾难性的地震，里氏震级为 6.9 级。

但这是否意味着，2020年1月发生在波多黎各的5.8级地震不算是地震呢？无论是震级9.0的完全破坏性地震，还是几乎毫无震感的2.4级地震，它们都是地震。

创新和创造力也是如此。虽然与发明一种会讲敲门笑话的新门铃相比，发明一种救命的药物疗法是一项更大的创新，但两者都是创新。与迈尔斯·戴夫斯（Miles Davis）不朽的爵士专辑《泛蓝调调》（Kind of Blue）相比，我最近创作的爵士作品在艺术性上毫无可比性，但事实上，两者都具有创造性。

创造力研究专家詹姆斯·C. 考夫曼（James C. Kaufman）博士和罗纳德·贝葛多（Ronald Beghetto）博士开发了一种称为4C模型的智力结构。这一模型被认为是评价创造力的里氏量表。4C模型以迷你C模型（Mini-C）为基础，迷你C模型是创造力的初级阶段。当我4岁的孩子塔利亚向我展示她刚刚用手指颜料绘制的作品时，我们都知道这幅作品一定不会在卢浮宫展览。这个处于迷你C阶段的作品是塔利亚精心制作的，但并不具备胡安·米罗作品中呈现的客观艺术价值。也就是说，如果塔利亚想要成为一位著名的艺术家，必须不断地精进自己的技能。

考夫曼和贝葛多将第二阶段称为小C模型（Little-C）。小C模型指的是，除了创造者之外的其他人能够感知到某种创造性的感知价值。3年后，如果塔利亚的画作刊登在校报上，随后获得了当地的奖项，她就会升级到小 C 模型的阶段。但在这个阶段，她的作品依旧不会在拍卖会上卖到 175000 美元的高价，不过这已经是一种不错的进步了。

第三个阶段便是专业 C 模型（Pro-C）。想象一下，塔利亚获得了艺术创作硕士学位，并且在商业上取得了一定的成功，不再需要继续做兼职服务生来维持生计，可以全职从事艺术创作。显然，她的作品质量和价值已经达到了专业水平，所以她现在可以负担得起 550 平方英尺①的单间公寓，也能偶尔吃一下双层配料的比萨。

最后就是能够创造历史的大 C 模型（Big-C）。伦勃朗、卡罗、毕加索都处于这个阶段，他们都创作出了传奇的艺术作品。绝大多数才华横溢的专业人士都无法到达这一阶段，但这并不意味着他们的作品缺乏价值。尽管从未创作出大 C 级别的代表作，但塔利亚仍可以过上美好的生活并奋斗出意义非凡的艺术生涯。可以肯定的是，大 C 级别的作品已经十分令人惊叹了，但这只是我们衡量是否有创意的标准。如果参考值是梵高的杰作，那么大多数人都觉得自己没有创造力就不足为奇了。

问题是，乔治亚·奥基弗和塞尚并非生来就是艺术家。他们与其他艺术家、发明家和音乐家一样，都是逐步步入大

---

① 1 平方英尺 ≈ 0.093 平方米。——编者注

C 的阶段，这些大师都是从迷你 C 阶段起步，通过实践逐步提高。达·芬奇并不是第一次绘画就创作出了《蒙娜丽莎》这样的作品，他也是一步步学习绘画。每位艺术家都是一步一步取得进步的，我们或许对此应该感到宽慰。我们每个人都可以充分发挥自己的创造潜力，虽然偶尔也会创作出糟糕的作品。

"创新"这个词比创造力更重要。如果你认为亨利·福特发明的流水线才能称得上是创新，那么你当然会觉得自己想出来的能够在午餐排队时节省 11 秒的想法简直不值一提。事实是，这两个想法都是创新，就像任何震级的地震都是地震一样。

我喜欢把创新分为 3 类：INNOVATION（全部大写）、Innovation（首字母 I 大写）和 innovation（全部小写）。

大写的创新指的是重大的创新。发明电吉他是一项 INNOVATION；修建巴拿马运河是一项 INNOVATION；发明内燃机也是一项 INNOVATION。

INNOVATION 很像大 C 阶段的创造力。它是能够改变人类生活、创造历史的传奇式创新。比如活字印刷术、青霉素、无线通信等。

但同样，并不是只有重塑历史才能称得上是创新。紧随 INNOVATION 的是 Innovation。这些是我们所有人每年都可能会遇到一两次的重要创新，它并不是那些百年难遇一次的创新。它可能是一种新产品，帮助公司在短短 6 个月内提高 28% 的营业额；或者是一种可以节省 13% 成本的新生产流程。即使我们的后代无法在书上看到有关 Innovation 的事例，但它依然意义重大，能够带来丰硕的成果。

最后是不起眼的 innovation。就像小 C 阶段的创造力一样，innovation 可能会被认为不够有价值而被驳回。innovation 可能是重新构想自己开展工作的方式，改进提交费用报告的流程，或者发现更节省时间的上班路线。事实上，这些都是渺小而伟大的突破。但是，心胸狭窄的人往往会歧视微小的创新。

就像创造力一样，即便再微小的火花也能爆发出魔力和力量。作为创新家族中最常被忽视和未被充分利用的创新，这些微小的创新绝对是重磅冠军。它们风险更小，更容易被发现，也能更快实施。它们成本更低，而且每个人都有机会唾手可得。艺术作品只有经历了一个又一个阶段才能成为传奇佳作，同理，如果你真的想探索出 INNOVATION，最好的方法是通过创作出大量的 innovations 来磨炼自己的技能。

但我们也没有必要因为自己没有申请到 193 项发明专利或创办一家市值 10 亿美元的公司，就认为自己缺乏创新能力。我们不要陷入认为自己没有创造力的陷阱，我们之所以认为自己没有创造力，是妄想自己第一次艺术方面的尝试能够比肩卡罗或达利。相反，我们要鼓励各个阶段的创造力和创新想法，要意识到，我们练习得越多，创新的规模就会越大。

想法的构成要素

尽管卡隆和她的竞争对手还有较大差距，但不可否认的是，她已经把"Simply Gum"发展成一家非常成功的企业。她融合了错综复杂的想象力、创造力和创新力，推出了4种新产品和3种不同的口味，并力求实现完美的平衡。随着我们深入研究，创新的魔力比我们想象的更加魔幻。就像魔术一样，为了更好地理解一项发明，我们是否可以把这项发明拆解成若干项核心组成部分，从而更好地理解并复制这项发明？

我们先从科学角度出发，以一个原子为例。我们把原子想象成一个单独的个体，但原子能够存在的先决条件是必须有一些关键的亚原子粒子（质子、中子、电子）的存在。就像原子一样，几个构成要素融合在一起才能形成一个实际的想法。所以，一个想法由5个要素组成，分别是输入、火花、试演、提炼和弹弓。

（1）输入。一个新想法出现之前，它的 DNA 就可以追溯到它的母体，我们称之为输入。输入是任何想法产生的基础，输入包括先前的经验、背景、研究、观点和诸如位置之类的外部因素。卡隆对有机食品和健康生活的痴迷，加上她对口香糖的热爱，都在生产健康口香糖的想法中发挥了极其重要的作用。她之前在另一家创业公司就职的经历帮她意识到自己也想创办公司的想法。一般来说，如果你想提高自己想法的数量和质量，就必须扩大输入的基础。厨房的餐桌上摆放的食材越多，做出的蛋奶酥就越有创意。

（2）**火花**。我们往往会混淆火花与真正的完整想法，火花更像是蝌蚪。它只是一个想法的初始阶段，不是一个完全成熟的版本。火花是那些原始的、最开始不成熟的概念，经过不断积累最终才会形成有价值的想法。卡隆从开始研究口香糖的主要配方，即火花的阶段足足花了一年的时间。若想实现生产健康口香糖的想法，必须以数百个小想法的火花为基础，而其中大多数的火花最终都未见天日。

（3）**试演**。火花产生后，我们必须进行试演。试演决定了该想法是应该终止，还是应该进一步探索。当卡隆开始研制健康口香糖的胶基时，她测试了每一项进入候选名单的火花，但也丢弃了其中的几十项。

（4）**提炼**。通过了试演阶段的火花需要被进一步打磨，我们要对想法进行调整、改进并打磨成完美的想法。卡隆并没有把第一个只通过一次试演阶段的火花直接推向市场。相反，她改进了配方。经过一系列的调整和更改，保证口香糖的味道能持续足够长的时间。她从数十名试吃者那里得到反馈，继而根据他们的反馈，改进自己的制作工艺。在这一阶段，她还针对环境影响、生产成本和健康益处等因素进行了改进。

（5）弹弓。输入是产生火花的先决条件。同理，弹弓是将想法从实验室推向现实的关键步骤。弹弓并不是制订详细的执行计划，而是对该想法下一步的发展方向进行方向性的指导。当卡隆完善了口香糖的胶基之后，顺理成章地就到了增加口味的步骤。一旦确定了口味，很明显就需要制定出一套高效的生产流程。弹弓是将一个想法过渡到下一个想法的纽带，就像在周日下午一起玩拼图游戏可以促进邻里关系一样。事实上，某一个概念的弹弓，通常是对随后一系列相互关联的创意想法的输入过程。

把神秘的想法拆解成单独的构成要素可以简化构思过程的难度。通过这种循序渐进的方法，我们可以像一级方程式比赛中维修站的工作人员那样，精确地引导自己发挥自身的创造力。实际上，卡隆就是利用同样的想法逻辑实现了一次又一次的突破。

卡隆想要设计出能够在竞争中脱颖而出的炫酷包装，她的"输入"囊括了自己的品位和偏好（例如，她喜欢苹果公司的设计），她对竞争产品的了解以及对可生物降解包装的要求等。经过数百次早期"火花"之后，她在"试演"阶段筛选出了可能入选的名单，调整并"提炼"了这些概念，在

"弹弓"阶段选择了自己最喜欢的想法进入下一个阶段，最后将产品上架。

为了打通零售商的渠道，卡隆的"输入"包括了炫酷的包装、理解零售商的决策过程以及列出目标商店的名单。她尝试了许多失败的"火花"，但其中有些火花还是进入了"试演"的阶段，比如在全食超市上架自己的产品。"提炼"阶段耗费了几个月的时间，她调整了自己的策略，最终说服一家商店上架她的口香糖，这就成为她下一个想法周期的"弹弓"，即扩展更多的分销商店。

反思一下自己过去的一些想法。简单地进行一项实验，看看你是否可以将最初看起来像是令自己恍然大悟的想法拆解成 5 个构成要素。通过对想法进行基因测序的过程，你会发现自己已然总结出能够迸发惊人创造力的公式。

当传奇的吉他手、爵士音乐家和神经科学家走进一家酒吧

在 8 月里某个酷热的一天，他在为台下 40 万乐迷演奏迷幻摇滚版的美国国歌时，他的吉他出现了各种噪声，音效也出现了失真现象。作为伍德斯托克音乐节（Woodstock）上观众最为期待的表演，吉米·亨德里克斯（Jimi Hendrix）对这首神圣乐曲的演绎打破了所有规则，当然也激怒了一些人。

第一章 | 破解令人恍然大悟的时刻

虽然琴弦变形到几乎要折断了,但他表演的强度和戏剧性代表了新一代被剥夺了权利的美国人的声音。50年后,这种莽撞且在很大程度上即兴发挥的表演仍然被大多数人认为是极具创造性的杰作。

作为一名吉他手,亨德里克斯是我心目中的英雄之一。他既精通乐器,又完全无视音乐传统。他以一种前所未有的方式用乐器演奏唱歌,表达出哭泣、尖叫和哀号的情绪。他那破旧的吉他线仿佛直接注入了他的灵魂,释放和放大了他的真情实感。我是亨德里克斯的粉丝,所以我的朋友斯科特(Scott)和妻子夏奈尔(Chanel)的孩子刚刚出生时,我建议他们给这个刚出生的小男孩取名为亨德里克斯。我猜他们一定也喜欢这位著名的音乐家,因为他们儿子的出生证明上写着"亨德里克斯"。

出于对大脑如何表现出创造力的好奇,我希望可以把亨德里克斯的大脑放入核磁共振的机器里扫描,在纽约伯特利那些汗流浃背的日子里,看看奇迹是如何发生的。虽然我们显然无法对一位已经去世几十年的艺术家进行现场大脑研究,但亨德里克斯确实给我们留下了一些证实科学新发现的线索。

事实证明,亨德里克斯的左右手各有分工,他左手弹吉他,右手吃饭和写作。这难道是他创作出大胆且有创意作品的原因吗?

长期以来，人们一直认为人的右脑是非常狂野的，主导人们从事所有抽象的、非线性的、创造性的活动；而左脑主导人们从事有逻辑的、有组织的、注重细节的、拘谨的、严谨无聊的活动。然而，最新的研究却得出了完全不同的结论：事实上，创造力在很大程度上是大脑各部分综合作用的结果，并非只因其中某个部分。

托莱多大学的心理学家斯蒂芬·克里斯特曼（Stephen Christman）研究双手混用与大脑的关系，并对亨德里克斯高度发达的大脑与他非凡的创造力之间的联系感到好奇。他在《偏重》(*Laterality*)①杂志上发表的一篇文章中，总结了多年来对这个问题的研究成果，克里斯特曼认为，亨德里克斯双手混用的习惯"使他能够在弹吉他时左右手较好地配合，完整地表达出歌曲的歌词和旋律，甚至能够较好地将古老的蓝调和R&B音乐与20世纪60年代新兴的民谣、摇滚和迷幻音乐融合在一起"。

鲍勃·迪伦也是一位左右手混用的音乐家，他同样表现出了非凡的创造力，甚至因"创造了新的诗意表达方式"在2016年获得了众多人梦寐以求的诺贝尔文学奖。

迪伦和亨德里克斯所呈现出的精湛创造力验证了神经科学领域最新的发现：创造力是大脑各部分综合作用的结果，

---

① 一本以研究心理学为主的学术期刊。——译者注

而不是因为大脑的某个部分恰好具有创造力的天赋。迪伦和亨德里克斯左右手混用的习惯赋予了他们创作的优势。但事实证明，并不是只有双手灵巧的人才能培养出这种左右脑相互作用的能力。

宾夕法尼亚州立大学教授罗杰·比蒂（Roger Beaty）博士主要从事创造力认知神经科学的研究。2018 年，在他主导的一项研究中，邀请 163 名受试者在核磁共振机器的监控下执行创造性的任务。这一研究结果一劳永逸地驳斥了盛行已久的关于左脑 / 右脑的误区，揭示了创造力是 3 个不同的大脑网络相互作用的产物。

里奇·海蒂（Rich Haridy）撰文总结这项研究时曾指出："结果证明，3 个不同的大脑网络是人产生创造性思维的关键，它们分别是预设网络（与头脑风暴和白日梦有关）、执行控制网络（负责刺激人们集中注意力）和凸显网络（检测环境刺激以及在执行控制网络和预设网络之间切换）。"

比蒂博士总结道："这些网络系统同时作用才能刺激人脑产生创造力。思维更灵活、能够想出更多创意的人基本都能同时感受到这些网络系统的刺激。"

我们越是了解大脑产生创造力的原理，就越能意识到所有人都拥有变成创意丰富之人所必需的硬件条件。所以，亨德里克斯不是天生就有特殊的回路，鲍勃·迪伦也不是因为一些特殊的基因才取得了今天的成功。事实上，有证据表明大脑的流动性能够被塑造和调整，借此产出更高水平的创意。若想提高自身的创造力，我们根本不需要换一个大脑，而是需要培养大脑内 3 个核心网络系统协同工作的能力。创新可塑性的概念已经表明，人的创造能力是可以发展和培养的。

普林斯顿大学音乐认知实验室的负责人伊丽莎白·海尔穆特·马古利斯（Elizabeth Hellmuth Margulis）博士不仅是一位教授，也是一位非常有成就的钢琴家。她曾在约翰霍普金斯大学的皮博迪音乐学院获得了钢琴演奏的学士学位。凭借对音乐和神经科学的热情，她开始探索世界级的音乐家是如何练就一身音乐才能的。马古利斯指出："有很多研究表明，音乐家的大脑与那些没有接受过正规音乐训练的人相比，有明显不同的网络。但这是由于遗传倾向还是长时间练习乐器，我们不得而知。我们依然固守着 19 世纪关于天才和创造力的陈旧观念。"

马古利斯围绕着这些观念进行了一项研究。在本次研究中，马古利斯挑选了一组专业级的小提琴手和长笛手，要求他们一边听音乐，一边接受核磁共振的检查，借此研究他们在听音乐时的大脑活动。两组受试者都听完了一系列的音乐作品，一类是小提琴音乐，另一类是长笛音乐，这些求知若渴的科学家发现受试者的大脑在高清显示器上被点亮了。

马古利斯和她的团队仔细监测了负责音乐创作那部分的大脑区域。如果这些才华横溢的音乐家天生就有一个特别的音乐大脑，那么无论受试者的耳机中播放哪种乐器的声音，这部分大脑区域都会被点亮。但如果大脑是因为常年的练习而发生改变，那么小提琴演奏者在听到小提琴的声音时，可能会与听到长笛的声音时呈现不同的反应。

当长笛演奏者听到长笛的声音时，对应的大脑区域会像一棵俗气的圣诞树一样亮起来。但是当他听到小提琴的声音时，这块区域毫无反应，反之亦然。小提琴演奏者听到小提琴的声音时，这部分大脑区域会被点亮，听到长笛的声音时则毫无反应。马古利斯解释说："小提琴演奏者在听到小提琴声音时，他们的大脑和长笛演奏者听到长笛声音时呈现同样的状态。他们长久练习乐器的经历导致各自的大脑呈现出如此特殊的网络系统。"

马古利斯得出了这样的结论："我的研究进一步验证了音乐家是后天培养的，而不是先天遗传的。有人会觉得音乐家就好像是外星人，他们有着独特的大脑网络系统。但我们的研究表明，音乐家之所以有着不同的大脑网络系统，正是与他们的生活经历有关。这是后天练习的结果，而不是天赋。"

与传统的小提琴和长笛不同，爵士乐在很大程度上是一种以即兴创作为主的艺术形式。作为一个拥有 40 多年演奏经验的爵士乐爱好者，我一直想了解擅长即兴演奏的爵士音乐家的大脑内部构造。神经科学家、外科医生、教授兼音乐家查尔斯·利姆（Charles Limb）博士也想知道同样的事情，他决定探寻其中的答案。利姆指出："人们通常认为，即兴的艺术创造力是神秘的创造行为之一，通常被描述为一种超出自觉意识或控制的心理状态变化，但我们仍然无法探明其神经生理学的原因。"于是他假设"音乐即兴创作的过程既不神秘也不晦涩难懂，而是一种自发创造性行为的典型形式，并假设该过程是基于普通心理过程的新组合"。

位于华盛顿特区的美国国立卫生研究院（National Institutes of Health）进行一项研究时，利姆花了将近两年的时间改装核磁共振设备，从而使设备有足够大的空间容纳即兴演奏的音乐家。随后，他招募了专业的爵士音乐家，并要求他们在75分钟的测试时间内演奏一些不同的乐曲，一部分是原有的作品，另一部分是即兴创作的作品。本次研究旨在探明在原始的创意表达过程中，大脑内部究竟发生了什么。

正如我们所假设的那样，大脑内的内侧前额叶皮层在即兴创作过程中"亮了起来"。它恰恰是上文中提到的预设网络所在的大脑区域，主要负责新想法、白日梦和记忆。但令人不解的是，背外侧前额叶皮层（大脑自我审查的区域）失去了活力。也就好比，如果你穿着两种不同颜色的袜子去参加面试，你本应该感到尴尬，但大脑中令你感到尴尬的这部分区域完全关闭了。

利姆说:"这是一个非常独特的组合。你通常不会看到,大脑区域中一部分上升、一部分下降。真正令人好奇的是,大脑中所有产生抑制行为的抑制和审查区域完全失去了活力。我认为,这些区域失去活力是为了鼓励新想法的流动。你不会分析或判断产生哪些想法,只是让这些想法自由流动。"

换言之,爵士音乐家已经训练自己的大脑按照一种非常独特的方式运转,即激发原创思想的区域,同时关闭抑制思想的区域。并不是说爵士音乐家生来就比其他人更富有创造力,只是我们培养了关闭过滤器的能力。

正是多年的练习才让爵士表演者以令人惊叹的即兴表演赢得全场喝彩。爵士音乐家的大脑并不是生来就会进行即兴表演,而是后天养成的能力。

你比自己认为的更有创意

神经科学家艾伦·斯奈德(Allan Snyder)在研究关闭大脑某一部分时的创造力表现时得出了类似的结论。他在澳大利亚悉尼大学主导的一项实验中,要求128名参加实验的志愿者用自己的创造力完成一项智力测验题。该智力题要求受试者用4条直线一笔连接9个点(每排3个点,共计3排)。

这是一项经典的创造力测试，完成这项测试需要一个人能够跳出自己的固有思维（有趣的是，"跳出思维定式"这个短语正是起源于这项谜题）。完成谜题的唯一方法是，先要画出 3×3 的图案外部线条，之后创造性地从 9 点图案飞进飞出。

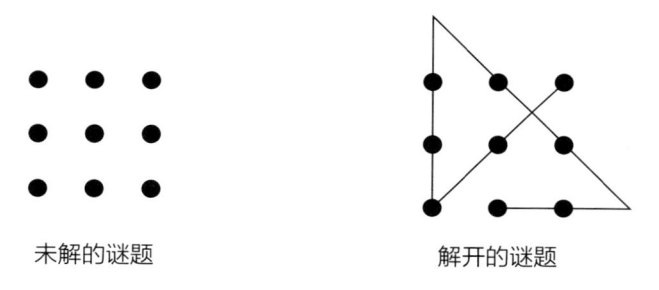

未解的谜题　　　　　　　解开的谜题

在第一次试验中，128 名受试者均未完成谜题。然后，斯奈德使用经颅直流电刺激（tDCS）暂时固定了爵士音乐家大脑中自然关闭的那片区域。结果如何？在电流关闭了控制自我调节、恐惧和冲动控制的大脑区域后，超过 40% 的受试者几分钟内便能正确地解开这一谜题。

但可悲的是，大多数成年人不认为自己有这样的创造力。我们将职位与创造力水平画等号，比如我们会认为雕塑家具有创造力，会计师不具备创造力。或许是因为父母、老师或老板不停地在你耳边窃窃私语，评价你不是一个有创造力的人。虽然在悉尼开展的这项神经科学研究表明事实并非如此，但我们大多数人仍然坚信这个错误的结论，认为自己不太有创造力。

2020 年，以色列的一项研究证明了这种认为自己没有创造力的偏见有多么根深蒂固。研究人员要求 61 名以色列本科生参加一系列发散思维测试，然后要求他们对自己的创造能力进行自我评估。再由专家小组对学生的创造力进行评估，继而与受试者的自我评估进行比较。该研究发现"许多受试者低估了自己的创造力，在统计学上呈现出显著的偏见。这表明我们倾向于低估自己的创造力"。随后进行的一系列实验都得出了相同的结论："受试者严重低估了自己的创造力。"

这些研究表明，我们不觉得创造力与人的大脑或我们自身提升创造力的能力有关系。但科学已经清楚地表明，我们每个人的大脑中都蕴含着巨大的创造力，我们只需要解锁、开发、使用和享受自己的创造力。

一则令人震惊的发现

德里克·阿马托（Derek Amato）体验了一次自己从未体验过的剧痛。当他一头扎进游泳池想要接住他最好的朋友扔过来的足球时，头一下子撞到游泳池的水泥地板上，但他却有了一些令自己意想不到的发现。

2006 年，这位来自科罗拉多州 39 岁的销售培训师受了伤。他感觉去急诊室的车程异常漫长，耳朵嗡嗡作响，头痛欲裂。一路上，他一会儿清醒，一会儿神志不清，所以他的朋友们都在担心是否会发生最坏的情况。幸运的是，虽然他头部的重伤可能会危及生命，但并没有像他的朋友们担心的那么严重。谢天谢地，德里克不用一辈子都坐轮椅出行，只留下了严重的脑震荡、轻微的记忆力丧失、头痛和一只耳朵35%的听力丧失。然而，他最显著的变化并未被人察觉。

事故发生后仅4天，德里克去拜访一位朋友，这位朋友碰巧是一名业余的音乐家。当德里克靠近朋友的电钢琴时，仿佛有一种强大的力量在召唤他。于是，他开始演奏出优美的音乐，旋律丰富且和声结构复杂。他连续演奏了6个小时，中间没有一次中断。他的指尖毫不费力就流淌出了优美的旋律，精湛的演奏手法也为乐器增添了光彩，就好像世界知名的钢琴家练习了一辈子的时间才能弹奏出的效果。

但奇怪的是，他在事故发生之前从未弹过钢琴，甚至从未上过音乐课。

德里克说："我的弹奏手法行云流水，就好像这辈子一直都在弹钢琴。"震惊平息后，德里克想要了解其中的原因。他耗费了大量精力在互联网搜索信息，查阅了一位又一位专家的简历，最终找到了威斯康星大学医学院的达罗·特雷费特（Darold Treffert）博士。

特雷费特博士50年的职业生涯都致力于研究学者，即在数学、音乐、记忆或艺术等某一项技能上拥有常人无法企及的能力之人。1988年在电影《雨人》(Rain Man)拍摄期间,特雷费特担任该电影的咨询顾问。演员达斯汀·霍夫曼(Dustin Hoffman)在这部电影中扮演了雷蒙德·巴比特(Raymond Babbitt)。这个角色是一个患有自闭症的学者,虽然他连正常生活都有问题,但是可以完成与超级计算机相同难度的数学计算。

特雷费特对德里克的诊断结果是,他患有后天性学者症候群(savant syndrome)。

大多数学者的天赋都是与生俱来的,但通过脑损伤获得非凡天赋的情况极为少见。奥兰多·塞雷尔(Orlando Serrell)就是这样,他10岁时因被棒球击中受伤,醒来后就拥有了过目不忘的记忆力,并且能够立即在脑海中计算出复杂的数学题目。在另一个案例中,有一名高中生在被抢劫的过程中遭到了残忍的殴打,却成为世界上唯一已知的能够手绘复杂几何图案(又叫"分形学")的人。

加州大学旧金山分校记忆与衰老中心的负责人布鲁斯·米勒(Bruce Miller)博士主要研究脑外伤为何会突然赋予人某些天赋。除了后天性学者症候群之外,他还研究能够画出精美画作的中风患者和"神奇地"学会雕刻的阿尔茨海默病患者。米勒认为我们所有人都有创造性的天赋,并可以释放出这样的天赋。根据米勒的说法,这些才能"之所以出现，是因为大脑受到创伤的区域正是控制逻辑、语言交流和理解力的区域，这些区域一直在抑制人身上的艺术潜能。这些人突然学会某些技能并不是由于脑力的提升，而是因为大脑中与创造力有关的区域第一次可以不受限制地发挥作用"。

德里克的案例证明，我们每个人都有未被发掘的创造潜力，只不过这些创造潜力隐藏在我们的大脑之中，等待被释放。我们一直以来都认为碧昂丝（Beyoncé）、乔治·卢卡斯（George Lucas），以及色拉布（Snapchat）[①]的创始人埃文·斯皮格尔（Evan Spiegel）是天生的创意天才，这种想法过于简单化了成为创新传奇的条件。虽然这3个人都渴望在各自的领域取得一定的成就，但他们的成功是因为多年来的执着、专注和追求，并非与生俱来的天赋。相反，他们大脑的某部分发育受到限制，助力了他们的艺术创作。

德里克经历过一次脑外伤，便能激发出他全部的创作潜力。但对于大部分人来说，我们即便没有头部受重伤的经历依旧能够释放自己处于休眠状态的创造力。倘若一次能够想出一个渺小而伟大的创意，我们或许也可以研发出类似卡隆那样的产品，或者创作出米兰达那样优美的乐曲。

我们已经了解了恍然大悟的时刻，研究了不同程度的创

[①] 一个分享照片的平台。——译者注

造力，剖析了创新想法，也学习了神经科学的最新发现，现在是时候探索如何利用所有人都有的强大天赋来征服我们最畏惧的挑战，并充分发挥自己的全部潜力了。

第二章
伟大的均衡器

　　一个来自纽约的穷小子后来成了大毒枭,但在被最好的朋友背叛后失去了一切。在经历了痛苦的牢狱之灾后,他白手起家,成为一名非常成功的健身行业的企业家。

　　一个来自费城郊区中产阶级家庭的年轻人用他成年礼的钱资助了一个业余说唱视频。后续又和史诺普·道格(Snoop Dogg)、爱莉安娜·格兰德(Ariana Grande)、贾斯汀·比伯(Justin Bieber)一起录制了一段视频,该视频在油管网的点击量超过 15 亿次。而如今,他出演了一部讲述他自己生活的电视节目。

　　一个来自底特律的年轻人梦想成为一名篮球运动员,但他并没一直从事体育事业,而是加入了一家刚刚起步只有 11 名员工的公司。17 年后,他拥有这家公司 100% 的股权,公司收入高达 50 亿美元,聘用了 6300 名员工,这位前运动员也成为一名亿万富翁。

　　这些人过去都是努力奋斗的人、小丑或是不被看好的人。但如今他们都非常成功，也被认为是创意天才。然而，他们每个人都出身普通，也面临着巨大的劣势，必须克服看似难以逾越的障碍。这 3 个人都是像你和我一样的普通人，但他们都战胜了挑战，取得了伟大的成就。这些外行人是如何突出重围闯入封闭的行业，并以如此戏剧性的方式获得成功的呢？他们又采取了哪些创造性的措施来创造公平的竞争环境？

在本章中，我们将了解在纽约下东区长大的考斯·马尔泰（Coss Marte）。他出生于一个单亲家庭，由母亲独自抚养长大，童年时期一直为了生存而挣扎，于是他在 11 岁时辍学走上了犯罪的道路。

我们还将了解戴夫·伯德（Dave Burd），一个来自郊区普通家庭，自小被认为不够灵光的普通人。大学毕业后，他就找了一份普通的文员工作，似乎注定要过着平淡无奇的生活。

我们也会了解来自底特律的普通人马特·伊什比亚（Mat Ishbia），他一心想成为一名篮球运动员。但在 20 多岁时，他决定放弃体育事业，在一家小型抵押贷款公司从事文职工作。当时的他就坐在一个再普通不过的卡座里打推销电话、处理文书工作，一眼就能看到 40 年后他坐在同一间狭窄的办公室里的场景。考斯、戴夫和马特并非含着金汤匙出生，也不是神童。事实上，从各方面来看，他们都非常普通。他们没有内幕消息，也没有显赫的家世。他们每个人似乎都注定要像他们的父母一样生活，一代一代都是如此。但最终，他们都释放了自己的想象力并练就了超群的创造技能，推动他们获得成功。

了解了他们起起落落的人生故事，你就会知道我们应该如何利用渺小而伟大的突破创造公平的竞争环境，并且在自己的生活中获得优势。我们将打破一夜成名的神话，揭示反向思维如何推动结果的产生，并了解一个经常被忽视的领域，在该领域中创造力可以取得巨大的胜利。

为什么不被看好的人能够获得成功，我们如何用相同的创造性方法来实现更好的结果？接下来，让我们一探究竟。

奋斗者的故事

现场出现了近百名执法人员，考斯被强行推到一辆警车的引擎盖上，戴上手铐并被拘留。经历了长达一年的调查期，这次精心策划的诱捕行动是本次调查的最后一环，大毒枭本人终于被捕了。

从表面上看，考斯不值得同情。我们很难同情一个被定罪的毒枭。然而，就像生活中的大多数事情一样，考斯的故事比看起来复杂得多。

考斯出生于纽约市下东区的一个单亲移民家庭，一出生就处于危险的环境之中，因为他所居住的地区是一个帮派频繁出没的贫民窟，是滋生贫困和暴力的温床。在对话之初，考斯就用一种痛苦而平静的语气告诉我："我从小就见识了作为小孩不应该看到的东西。"当我们坐在一起讨论他所经历的高峰和低谷时，我观察到他整洁的白色健身T恤紧贴着他的肌肉线条。

"我妈妈在怀我6个月的时候，丢下了我的两个姐姐，从多米尼加共和国移民到美国，于是我成了我们家第一个在美国出生的公民。我们在姑妈家的沙发上睡了好几年……当时的生活异常艰难，我的妈妈在工厂里打工，也干过零工，还在地铁上卖过美容产品。她竭尽所能地让我们能够活下来。"在很小的时候，考斯就感受到了贫穷带来的痛苦，于是下定决心不惜一切代价过上更好的生活。

考斯受到了同龄人的不良影响，还有来自糟糕的学校、贫困家庭环境的影响，他似乎走上了一条和父辈们非常相似的道路。他在9岁时第一次接触毒品。11岁时，他就开始贩卖毒品。他说："在那个社区里，毒贩是唯一能真正赚钱的人。所以这就是我所知道的唯一能取得成功的方法。"

考斯一开始在街角向瘾君子兜售毒品，但随着社区的档次逐步提升，出现了新的客户群体。考斯看到了醉酒律师和企业高管身上的赢利潜力，于是他采取了创造性的方法来拓展自己的业务。他换掉了宽松的牛仔裤，换上西服，打上领带，不再采取街角散卖的销售方式，转而采用一种新的模式：

高端送货服务。

考斯笑着说:"在优食(Uber Eats)问世之前,我就已经采取了和它一样的送货模式。那简直是一段疯狂的日子。当时的手机只能存储1500~2500个联系号码,所以我必须不断地购买新手机。由于客户人数不断增多,最多的时候我同时拥有7部手机。"

考斯的生意不仅壮大了,收入也多了起来,从最初的单枪匹马发展为拥有24辆配送车的团队,保障24小时配送服务。"我不觉得有一天会被警察抓住,因为我已经不在街角服务客户了。"

"我把顶级调度员的工作交给了我在社区里的一个好朋友。我付给他薪水,还在上西区给他买了一套公寓和一辆车。这套公寓面积很大,他只需要坐在公寓里用电话沟通业务即可。但后来,他开始变得贪婪,另外开通了一条电话线。"考斯用充满憎恨的口吻告诉我,"我的一个老客户有我的私人号码,他告诉我,'嘿,我买到了不同的产品。究竟是怎么回事'?他接着问我,'你换了新号码吗?有人给了我一张新名片,上面印着不同的号码'。我说,'什么?你在说什么'?我拿到了电话号码后,立刻打电话过去……果然,我的调度员接通了电话。"

考斯的朋友背叛了他,带着70000美元和价值更高的毒品逃走了,从此再也没有出现过。考斯一直担心有人在他背后搞鬼，于是事业心极强的他接管了"叛徒"的毒品生产线。"我后来一直用那个号码经营我的业务，但我却不知道我的朋友把这张名片交给了联邦特工。"

被捕时，考斯年仅23岁，年收入已经超过了200万美元。

当我询问那一刻他有什么想法时，他回答说："我首先想到的是我的儿子。"他口气略带伤感："我的儿子只有一岁半，他不应该遭遇这种事，这是我感觉最糟糕的地方。我的儿子不能在父亲的陪伴下长大，因为我将有很长一段时间都被关在监狱里。"

当法官在拥挤的法庭上大声宣读判决时，考斯白色的涤纶衬衫被汗水浸湿了，他站着聆听对他命运的判决。最终，他被判处7年有期徒刑。当他被关进监狱后，考斯的健康状况每况愈下。鉴于他当时的体重以及胆固醇超标的问题，监狱的医生预测他5年内可能会心脏病发作。他看着镜子里的自己，下定决心这将是自己最后一次被眼前的困难击败。又想到年幼的儿子，考斯暗暗发誓一定不能死在监狱里，决定以后都要走正道。

随后，他开始每天锻炼2~3小时，绕着院子跑步锻炼。为了多出汗，跑步时他在衣服下面绑上了沙袋。不锻炼的时候，他就在监狱的图书馆阅读有关运动和营养的书籍。他开始痴迷于健身，结果证明这是对他的身体、情感和精神的救赎。通过自己的反复试验和坚持不懈的努力，考斯在接下来的 6 个月里减掉了 70 磅[①]。

当其他犯人看到他的转变后，开始向考斯询问锻炼计划。不久，考斯就定下了一个目标：帮助其他犯人在保持体形的同时养成自控和自律的品格。于是他帮助每一位犯人进一步完善他们的训练计划，与此同时也增强了他们的信心。

最终，考斯回馈了社会。刑满释放后，他决心未来都只从事合法的事业，过上有目标的生活。"我完全不想让我的家人再经历那种痛苦，不想让我的儿子再看到我戴着镣铐，不想再看到儿子坐在探视室里哭泣，我觉得这是我一生中非常痛苦的事情之一。"

虽然设想得很好，但考斯发现重罪犯的身份让他很难找到一份工作。他在母亲家里的沙发上住了几个月，每一次面试都被拒绝。他又试着申请了几十份卑微的工作，但未收到任何回复。时间一天天过去，考斯觉得自己没有任何机会，于是回忆起他在监狱里的时光，以及他帮助其他犯人锻炼身体时感受到的快乐。他觉得，自己也许可以开办一家健身房。

他没有创业的本金，也没有接受过正规教育，更没有行业从业的经验；但开一家健身房不会比监督一个复杂的毒品组织或在监狱服刑更加艰难。于是，考斯下定决心开设自己

[①] 1 磅 ≈ 0.45 千克。——编者注

| 第二章 | 伟大的均衡器 |

的健身工作室。

开一家健身房也是一个不切实际的梦想,毕竟哪个房东愿意把自己的房子租给一个曾经的大毒枭?在被拒绝了几十次之后,终于有房东愿意把房子租给他。但讽刺的是,这个房子的位置正是他在曼哈顿下城区开始贩毒的那个街角。

虽然有了自己的场地,但又该如何与大型健身房竞争?在这急需创意的时刻,考斯有了自己的想法。与其开设世界上第 637 个毫无特色的健身房,不如开创性地开设一家完全不同类型的健身房,成为行业的先驱。他的想法是:创办一家以监狱为主题的健身工作室。

欢迎来到囚徒健身(CONBODY),我们的口号是"抓紧时间"。

虽然当时的健身行业市值已达 270 亿美元,但其竞争激烈程度却与考斯的监狱生活一样残酷,他必须做很多有创意的努力才能脱颖而出。走进囚徒健身后,你就会发现水泥砌块的内墙给人一种独特的恶魔岛(Alcatraz)[1]的氛围。继续穿过结实的铁栅栏监狱大门,你就会走进被称为"院子"的训练室。训练室的墙壁由铁丝网制成,室内也没有太多花哨的设备,在此你会体验到考斯在服刑期间开发出的"杀手级"训练。穿过院子就是一面贴满"嫌犯"大头照的墙壁,非

---

[1] 美国旧金山的头号景点,曾是联邦监狱所在地。——译者注

常适合在社交媒体上发布自己置身其中的照片。你可能已经猜到了，健身房的会员不会被称为会员，而是被称为"囚犯"。

健身房的一切都有违传统，甚至包括健身房的员工，从前台接待员到私人教练，所有员工之前都是服刑人员，而不是来自传统健身行业。考斯笑着说："我之所以聘用刑满释放的人到我的健身房工作，就是想给他们第二次机会。"

囚徒健身显示出的创意与健身房里的哑铃一样多，于是很快脱颖而出。它既有趣又富有创意，独特且真实，引人注目又与众不同。不久，考斯推出了一系列健身视频和周边商品，甚至在萨克斯第五大道精品百货店的旗舰店内开设了卫星健身房。如今，囚徒健身在纽约市已经吸引了25000名付费"囚犯"，并为美国以外的22个国家和地区的客户提供在线课程。

对于考斯来说，建立"囚徒健身帝国"不仅是为了赚钱，还是为了救赎和影响他人。他回忆说："有一次下课后，我在健身房里发现一位每周会来三四次的女孩哭了，因为她马上要搬到洛杉矶了，这是她搬家之前最后一次来锻炼。她告诉我，囚徒健身就像她的家一样，因为囚徒健身改变了她的生活，她减掉了100磅的体重。她的故事让我热泪盈眶。那一刻我意识到，大多数时候，你只是低着头不停地向前奔跑。直到出现这样的时刻，你才会停下来反思。哇，原来我能够影响别人。"

考斯利用自己的创意和努力在竞争最激烈的行业里创办和壮大了自己的公司。他用自己创造性的方式锐意进取，没有被占据行业霸主地位的竞争对手吓倒。他笑着说："我的竞争对手们经常许下一天见效的空洞承诺……他们才是'罪犯'。他们才应该叫囚徒健身！"

在与考斯交谈的过程中，有几件事让我印象深刻。虽然他的许多同伴最终死亡、入狱或无法摆脱贫困的宿命，但考斯能够将他从街头学到的售卖方式重新塑造成改变自己生活的积极方式。在他前进的道路上，不单单是那些灵感迸发的时刻，还有那一系列富有想象力的想法帮助他取得了成功。考斯的例子恰恰证明，无论是黑帮还是枪支，都无法与不屈不挠的创造精神相提并论。

防守亦是进攻

除了只有精英才能创新的错误观念之外，最常见的误解之一是，只有进攻才是创新。毕竟，只有颠覆了传统认知才能取得最卓越的创新。如果你发明了一种能够恰到好处地制作出水煮蛋的机器，在QVC[①]平台上销量高达1100万台，那么你只是在传统意义上实现了创新。然而，创新远不止于产品开发。

---

① QVC，全称 Quality Value Convenience，是美国最大的电视购物公司。——译者注

我们可以把创新分为两大类：进攻型创新和防守型创新。大多人认为的创新都是进攻型创新。也就是说，我们用创新思维抓住了新机遇，推动了增长。这些创新的主要形式包括：营销活动、新产品突破、新商业模式和推动增长的策略。以一支足球队为例，如果球队主要以进攻得分，那么大多数足球队的进攻队员就会掩盖防守队员所付出的关键努力。

考斯在创办囚徒健身时部署了几项进攻型创新。以监狱为主题的健身房、在线流媒体课程、与萨克斯百货合作以及特殊的锻炼计划等，都是践行创造性思维的例子。但如果缺失了强大的防守能力，那么他的公司也不可能发展壮大。

防守型创新可能不会赢得赞许，但它一定是你的武器库中一件强大的武器。也就是说，我们要用想象力的核心要素来战胜逆境、提高效率、克服挑战、简化运营、提高安全性、解决棘手的问题以及防御竞争对手。防守型创新一般都不那么诱人，但这个经常被忽视的领域可能决定你究竟是大获成功还是一败涂地的关键要素。

在防守方面，考斯创造性地解决问题，最终赢得了房东的信任。他从新的人才库（刑满释放人员）招聘人才，解决了人员短缺的问题。在新冠疫情期间，我再次与考斯进行了交谈，他已经将所有的健身课程转变成数字化课程，既让客户满意又能保证收入。实际上，他最初开始锻炼身体的想法是在经过监狱医生的严峻诊断后所采取的防御措施。

我花了很多年才意识到，创造性思维（进攻型创新）和创造性地解决问题（防守型创新）是同一枚硬币的两面。这是一个非常开放的概念，我们可以利用自己的想象力来推动增长并克服挑战。这正是一个来自费城郊区的傻孩子所做的事情——破釜沉舟，成为传奇。

小丑的故事

没有什么比进入音乐行业更困难的了。因为能够名利双收，所以有成千上万的人想要争夺该领域极少数的头把交椅。美国好声音（*The Voice*）和美国偶像（*American Idol*）这样的节目向普通大众展示了这个行业多么令人向往，但同时竞争也异常残酷。

虽然各种音乐类型都很难取得成功，但在说唱方面取得突破性的成功尤其困难。这种极富表现力的艺术形式最初源于对贫困和压迫的斗争，使过去处于困境的人们成为超级明星。对于被剥夺权利的一代人来说，史努比·狗狗（Snoop Dogg）、杰斯（Jay-Z）和德瑞博士（Dr. Dre）就是现代版的莫扎特、巴赫和贝多芬。

说唱界的传奇人物往往都是这样的一群人：非洲裔美国人；练就了惊人的舞步；吹嘘他们源源不断的金钱、性和信心。他们经常受到生活的压迫，以一种原始而毫无歉意的方式表达他们的愤怒。对于许多想要一夜成名的人来说，他们实现了常人无法企及的梦想。

这就是戴夫·伯德最不可能成为一位著名说唱歌手的原因。

戴夫长得瘦瘦高高，出生于费城郊区一个中产阶层的犹太家庭。他的头发经常乱乱的，胡子也是随便剃一下，看起来像是一个哲学专业的学生，而不像是一位说唱歌手。他没有被送进过少年拘留所。虽然参加过夏令营，但他不会跳舞，也不会人体艺术，就是一个普普通通、不够出众的孩子。戴夫没有表现出坚不可摧的自信，而是像年轻时的伍迪·艾伦一样，表现出一种缺乏安全感、神经质的性格。虽然大多数重量级说唱歌手都是在街头练就了自己的说唱技能，但戴夫却以近乎全班第一的成绩从里士满大学毕业。

毕业后，他就搬到了旧金山，并进入一家名叫 Goodby, Silverstein & Partners 的广告公司，做一些琐碎的行政工作。为了一改千篇一律地向管理层提交客户报告的方式，戴夫将报告的形式改成了自制的说唱视频。结果，同事们纷纷笑出了眼泪，这是他最想要的感觉。

戴夫非常喜欢逗人开心。饶舌音乐的歌词和节奏错综复杂，作为饶舌音乐的粉丝，戴夫开始梦想着将幽默作为自己饶舌乐的特色。幽默与卡通的结合让《辛普森一家》(The Simpsons)大受欢迎，所以戴夫想知道，如果他将幽默与说唱音乐结合会有怎样的效果。

与考斯相比，戴夫占尽了各种优势。良好的教育背景、慈爱的父母，也没有经历过童年的创伤。但是凭借戴夫的经历，若想成为知名的说唱歌手，就像考斯想要拿到牛津的全额奖学金后又拿到罗德奖学金一样困难。在说唱界，优越的背景反而是一种负担，这也是戴夫有生以来第一次不被人看好。

戴夫在2015年接受《卫报》采访时说："我一直梦想成为一名艺人，我感觉这应该是一个适合我的梦想。成为一名合格的说唱歌手就像成为NBA球员一样不切实际，说唱和运动项目的相似之处在于……你练习得越多，就越擅长。"

从传统意义上说，戴夫几乎不具备成为说唱歌手所需的任何特质，所以他不得不以创新的方式进入这个行家众多的领域。戴夫花了几年的时间进行尝试，补足了未来成为一名说唱歌手所需的特质。

虽然戴夫有一份体面的工作，家庭出身也还算不错，但他并没有多少资源。父母一向对他呵护有加，所以戴夫用他的积蓄制作了第一个视频，这令他的父母非常懊恼。父母觉得他把所有的积蓄都打了水漂。

他录的第一首单曲叫《前男友》(*Ex-boyfriend*)，这首歌打破了所有不成文的说唱规则。

这首歌不同于大多数自吹自擂的说唱歌曲，而是将歌曲制作者刻画成一文不值的形象，这也正是这首歌迅速走红的原因。一天之内，就有超过 100 万人观看和分享了这段视频。戴夫正式出道。

这是个一夜成名的故事。但 Simply Gum 的卡隆·布罗珊的例子表明，一夜之间的努力不可能造就一夜成名的奇迹。事实上，戴夫创作《前男友》这首单曲花了近两年的时间，打磨了 200 多个版本，终于把自己的创造力转化成一首看似是即兴创作的歌曲。历经千百次渺小而伟大的突破之后，这首歌听上去一气呵成，终于达到了发表的水准。

戴夫解释说："我是一个倾尽全力的人。即使这个镜头已经非常完美，但我仍然会查看其他镜头，确保没有比这个更好的画面。穷尽每一个选择之后，我才会放心地认为这帧画面在这首艺术作品中呈现出了最好的效果。或许别人会认为这样的做法非常挑剔，但对我来说，一旦我这样做了，就一定不会对结果失望。"

每发表一首新歌，戴夫都在不断地突破创造力的极限。他没有效仿以前说唱歌手的成功路径，而是开创了一种完全属于自己的新风格。

旧方法与新方法

戴夫之所以能取得成功，最根本的原因是其始终寻求不同的工作方式。我们可以用下面这个简单的填空公式恰当地归纳出他的思维模式。

其他人都_____（旧方式）_____，而创造性的转折可能是_____（新方式）_____。

其他的说唱歌手都在吹嘘自己的财富，而戴夫强调自己的节俭；其他说唱歌手都在宣扬自己健壮的体魄，而戴夫强调自己这方面的不足；其他说唱歌手总是认为自己处于宇宙的中心，而戴夫创作了一首关于保护地球的歌曲。尽管戴夫在说唱行业不占什么优势，但他屡次重复利用这个简单的公式，使自己跻身于说唱行业的顶尖歌手之列。戴夫极力突破创意界限、打破既定的规范，最终获得了成功。

在过去的30年里，毫无疑问，这个简单的公式在我的职业生涯中也发挥了关键作用。我把自己的专业背景融入上述的公式里，具体细节如下：

- 其他人都在学摇滚吉他，而我学习爵士乐。
- 其他人都获得了学位，也收获了专业经验，而我在20岁时创办了一家公司，虽然我从未学过商务类的课程。
- 在互联网热潮开始的时候，大家都关注互联网广告，而我创办了一家互联网推广公司。

- 其他人都在纽约或波士顿做风险投资，而我在家乡底特律创办了自己的风险投资基金。
- 其他人都专注于大创新，而我专注于小创新。

回首过往的经历，我勇于接受对立立场的时刻，往往都能获得成功。而那些选择从众的时刻，往往都让我经历了重大的挫折。2006 年，我跟风并尝试为小型企业提供自助技术解决方案，却惨遭失败。2015 年，我创办了一家新公司，但从收益的角度来看，简直就是一败涂地。事实上，只要我试图模仿他人，都会让我经历最痛苦的失败。而我的职业生涯中关键性的胜利，都是通过这个简单却挑衅的公式实现的。

我们每个人都可以采用相同的方法，尝试利用这个填空公式实现业务上的转变。例如，如果你是办公家具的制造商，可以采取哪些截然不同的方法设计自己的产品？又如何确立定价模式、销售方式、营销策略、制造流程、招聘政策、领导结构呢？我们并不需要在业务的各个方面都采取完全相反的做法才能取得成功，在所有方面探索相反的方法，可能会帮助你发现一两个可行的想法。

不被看到的人

马特·伊什比亚（Mat Ishbia）从小就不被看好。大多数人都认为他注定碌碌无为，这让他想要效力于密歇根州立大学斯巴达人队这样的顶级篮球队的梦想显得有些不切实际。

虽然他没有大多数顶尖运动员的体格，但鼎鼎大名的教练汤姆·伊佐（Tom Izzo）发现了马特身上的潜力。尽管马特比球队队员的平均身高矮了6英寸（约15厘米），但马特表现出了罕见的韧劲和决心。出乎所有人意料的是，教练给了马特一个机会。最终，这个决定对世界的影响远大于球队的排名。

在伊佐的领导下，马特连续三次参加了四强赛，最终帮助球队赢得了全国冠军。在做了一年的球队助理后，他还接到了一支一级球队全职教练的邀约。伊佐教练将这个不太可能成为英雄的队员培养成一个有力的竞争者、有创造力的领导者。

在这个关键时刻，马特选择了一条更加艰难且光环更少的道路，他放弃了当篮球教练的机会，而是加入了一家小型抵押贷款公司。马特于 2003 年进入 United Shore Mortgage [①]，作为公司的第 12 号员工，马特从头开始学习贷款业务，从打电话向潜在客户推销业务到办理贷款。坐在冰冷的金属办公桌前，他想知道自己放弃体育事业，转而投身商业领域是否是一个错误的决定。

在新冠疫情期间，我无法和马特进行面对面的交流，只

---

① 现今美国第二大贷款公司。——译者注

能通过视频电话的形式进行交谈。当他出现在屏幕上时，我被他的专业精神吓了一跳。即使在疫情期间，马特的办公室依旧收拾得井井有条。

当我们开始交流时，马特立即分享了他的核心理念，他告诉我说："我采取了一种与众不同的领导方式。"就像戴夫一样，马特会审视竞争对手的行为，但他的第一反应是反其道而行之。如果他们穿着随意，他和他的团队就会穿西装。如果明显发现他们采取某种策略，马特就会采取完全不同的做法。

再说回马特刚刚加入公司的时候，当时这家名为"United Shore"的抵押贷款公司向购房者推销抵押贷款的方式和其他许多同类竞争对手并无两样。事实上，当时公司甚至都无法跻身美国前 500 名抵押贷款公司的行列。马特渴望得到更好的机会，于是说服老板把公司的业务转向批发贷款。换句话说，"United Shore"决定将公司的贷款出售给小型独立抵押贷款经纪人，而不是直接出售给消费者。独立经纪人则可以重新命名贷款产品，并将其出售给购房者。

"我和所有人都不一样，"马特说这话时露出一丝微笑，"我们不按常理出牌。所以，当时所有人都认为我们做不到，认为我们会失败。"

马特继续向我介绍他的策略，着实令我震惊。尽管他与考斯、戴夫处于不同的地理位置和行业，所服务的客户群也并不相同，但他们所采取的策略非常相似。为了能够在竞争激烈的市场中脱颖而出，他们每个人都采取创造性的方法，在重大的战略决策和小的日常抉择中融入自己的创造力，这些选择使他们的业务逐步壮大。

马特亲眼看到在抵押贷款承销过程中，最令人头痛的就是延迟，于是他用 24 小时的快速放款，打破了该行业典型的 7 天放款周期。这个决定与其他渺小而伟大的突破一样，使"United Shore"公司成为独立抵押贷款经纪人的首选。马特不断取得成功，于是他买下了这家公司，正式执掌公司。

马特解释道："有创造力就是认为自己不必效仿他人，所以最重要的是，要学会解放思想。这就是我们所做的，我们专注解放自己的思想，用不同的方式思考。"

马特那鼓舞人心的领导行为体现了他对创造性思维的高度关注。例如，他推行了一项覆盖全公司的名为"杰出创意"的计划。虽然大多数公司都设置了标准版的建议箱，但马特在奖励创意的过程中融入了公众的认可。马特解释说："或许我不知道下一个大的创意是什么，但我的团队成员知道，因为他们是实际执行这项工作的人。所以我们创建了'杰出创意'计划，鼓励每位团队成员分享他们能想到的每一个新想法，无论大小。"

员工每提出一个想法，他们的办公桌上就会亮起一盏杰出创意灯，这也代表一座奖杯。对周围同事来说，这些可视的指标就像是一枚荣誉徽章，这样的做法能够鼓励团队成员分享更多想法并获得更多的公众认可。"员工会牢记自己桌上有多少个小奖杯。这根本花费不了多少成本。并且，一旦公司实施了他们的想法，反过来也能激励员工更加全情投入，让员工明白，任何人都能提出杰出的创意。无论是小创意还是大创意……我们鼓励员工挑战既定的工作方式，将他们的创造力融入日常的工作中。"

最近，马特在客户、供应商和合作伙伴中推行该计划。他积极征求行业内每个人的建议，并由衷地奖励每个提出意见的人一座灯泡奖杯。就像他珍惜自己运动员时期获得的每一个奖项一样，他如今在激励创意的过程中获得了他在体育生涯中同样的兴奋感和成就感。

随着公司不断发展壮大，他急需为公司招募顶尖的人才。8年前，马特就成立了商业创新集团（Business Innovation Group，简称BIG）。该公司不是招聘某个特定职位的员工，而是聘请那些认为与公司文化相契合，但尚未找到合适工作的员工。公司出台了一项BIG计划，该计划是一项为期12个月的学徒轮岗项目，公司招聘的新员工可以在公司的14个不同部门轮岗，轮完之后再决定哪个岗位适合自己长久发展。

这种截然不同的人才培养方法取得了不俗的效果。马特解释说："有一位参加了第一届或是第二届BIG计划的学徒，现在已经提拔至公司运营部的高级副总裁，手下领导了1200

名员工，而他现在只有 30 岁。过去，我们聘用一位员工看重的是他的技能。而现在我们根据性格招聘员工，然后帮助他们找到最适合自己的岗位。这又回到了我们的理念——设计与众不同。"

从产品供应、设施到技术、人才，马特所在的抵押贷款公司通过数百个渺小而伟大的突破实现了巨大的成功。马特跟我分享了一个有趣的例子，解释了他们如何了解公司每月招聘的 5000 位求职者。"我们会安排他们坐在安保人员旁边，安保人员会问他们，'嘿，你好吗'？这时，我们会仔细观察求职者的反应。他们是对安保人员不屑一顾，还是会微笑回应并与之交谈？安保人员会记录下自己对求职者的印象，并反馈给招聘团队。这样我们就可以立即知道这个人是否适合我们的公司。"

马特认为自己是一个善良且乐于助人的领导。但如果员工盲目效仿先前成功的经验，那他会感到非常愤怒。"我简直无法忍受员工说，'哦，那是一直以来的惯例'。这是史上最失败的说法。我们之所这样做，难道只是因为这是我们一直以来的惯例吗？或许答案就是如此，但我无法接受。我们必须变得更好，我们必须改进。"

马特的创造性方法帮助公司实现了爆炸式的增长。公司每年发放 1800 亿美元的抵押贷款，收入高达 50 亿美元，目前拥有 6300 名员工，并连续 6 年被评为规模最大的批发抵押贷款公司。事实上，它们的抵押贷款总量仅次于底特律的另一家抵押贷款公司——快速贷款公司（Quicken Loans）。或许你已经猜到了，马特接受不了做第二名。

他极度渴望成为第一。马特告诉我："我希望公司成为全国最大的贷款公司。"

他的语气中没有一丝自夸或虚张声势，仿佛只是在陈述一个被印证了的科学事实。他继续说道："我们会打败他们，不管是今年、明年还是后年，我们一定会打败他们。接下来就是取代他们成为第一。再强调一遍，我们很有竞争力，我们一定会做到的。我这不是自大，只是我相信我们一定会做到。"郑重声明，我没有跟他打赌。

马特之所以有信心，是因为他的信心融合了两股强大的力量——创造力和毅力。正如我们在考斯和戴夫的例子中看到的那样，工作习惯比天赋更能推动进步。马特解释说："我的问题是，我不是最聪明的人，你很快就会了解我。我的竞争对手，他们都比我聪明，也比我有钱，但他们不如我努力。"如果你观察过马特的日常工作，你就能很明显地发现伊佐教练教授他认真工作的习惯：马特每天凌晨4:00都会西装革履地到达办公室，18:45分准时回家，17年如一日。

"我们就是这样从零开始建立了现在的公司，日复一日持续努力。过去很多年里，从来没有人关注过我们。但现在你看，我的公司已经发展到了今天的规模。"一次次渺小而伟大的突破，才使得我有了今天的成功。

考斯·马尔泰、戴夫·伯德和马特·伊什比亚的故事告诉我们，创造力是伟大的均衡器，我们每个追求改变、成长和成功的人都具有创造力。虽然并不是每个人都有经营价值数十亿美元公司或成为说唱巨星的野心，但他们的故事能够让我们明白，自身的创造力对获得成功有多么强大的影响。

对于一些人来说，创造力使他们获得了晋升和加薪。有些人因此成为了不起的父母，培养出独立的孩子。或许你只是想发布一条播客，借此接触和你一样热爱微型模型帆船的人。或者，也许你想利用自己的创造力在更短的时间内完成更多的工作，这样你就可以在17:15分去上自己喜欢的瑜伽课。

在第三章中，我们将探讨为什么创造力已成为商业时代成功的秘诀，以及我们如何利用自己的创造力。我们将以一种科学的观点来看待创造性思维的重要性，也会分析那些会击败我们的陷阱和障碍。此外，我们将亲眼看见两位斗志昂扬的企业家如何创建一家价值数十亿美元的公司，同时又颠覆了世界上非常受尊敬的职业体育项目之一。

第三章
青蛙原理

查尔斯和戴安娜结婚了,便利贴问世了。但最令我印象深刻的还是 1981 年出品的《青蛙过河》(*Frogger*)游戏。

在我 11 岁生日的前一个月,这款标志性的街机游戏一经问世,我就一发不可收拾地上瘾了。我痴迷到了荒废作业、顾不上朋友、废寝忘食的地步。尽管现在看来,我 4 岁的女儿塔利亚都能设计出这样的图形,但当时有数百万人和我一样痴迷于这款游戏。

只要手握雅达利(Atari)①操纵杆,就能控制这只想要过河的英勇两栖动物。但有一个问题,游戏里的小青蛙比较笨拙,不会游泳。它只能从一个固体表面跳到另一个固体表面,才能确保自己安全过河。它从一片睡莲叶跳到漂浮的圆木上,再跳到一只小心翼翼游过的鳄鱼身上。

这款游戏的困难之处在于,这些固体表面像 Tab 可乐和

---

① 美国一家电脑游戏厂商。——译者注

跳跳糖一样是非静止的。事实上，这些固体表面以越来越快的速度顺流而下，给我那蹦蹦跳跳的青蛙朋友营造了一个危险的环境。游戏的主人公必须迅速从一个安全点跳到另一个安全点，否则就会在汹涌的死亡河流中与造物者相遇。但静止不动，哪怕只是片刻的休息，都无异于自杀。

《青蛙过河》游戏中的青蛙甚至根本无法满足于它过往的成功。为了在恶劣的环境中生存下来，它不得不继续前进。在迫在眉睫的危险中寻求进步，这是这款游戏如此令人难以抗拒的原因。为了到达新的目的地，它不得不在混乱中前行。由于痴迷这款游戏，我六年级时成绩差到令人尴尬，但我从《青蛙过河》游戏中学到的东西，远比在莫里森（Morrison）夫人的数学课上多得多。

如果仔细想一想，你就会发现我们所有人都在玩一场大型三维青蛙过河游戏。

任何人都无法获得一劳永逸的成功，成功只是一种在空前的变化和日益困难的局势下的暂时状态。那转瞬即逝的成功时刻就好像游戏里的青蛙跳到乌龟背上一样，根本无法一劳永逸地享受自己的成功。相反，除非我们做好了掉入激流的准备，否则我们只能一次又一次成功地跳到下一个安全地带。

静止不动会杀死青蛙，成功跳跃到安全地带所带来的舒适感和满足感，让许多聪明的青蛙认为自己不需要继续跳跃。

我们不需要沉溺于自满的情绪中。将渺小而伟大的创新融入自己的日常生活中，你不仅能够获得生存的机会，还会获得一艘655马力的快艇，快艇上还配有钛金属滑雪杆和11个杯座，让你加足马力，继续前进。

泥泞的练习场上发明的微芯片

高尔夫行业的领导者们如今都过着无忧无虑的生活。自1764年第一个18洞的高尔夫球场建成以来，毫不夸张地说，高尔夫行业呈现一片繁荣的景象。穿着短裤的顾客大都喜欢在高尔夫球场里待上一天。商人的许多业务都是在高尔夫球场里谈成的，打高尔夫球成了商业伙伴的固定活动，这项运动甚至有了专属的电视频道。时过境迁，这项运动本身几乎没有改变，但随着一些新俱乐部的出现，高尔夫这项运动从美国的密尔沃基传到了瑞士。

就在沾沾自喜的领导者们欣赏阿诺德·帕尔默（Arnold Palmer）的比赛时，英国的两兄弟已经开始策划一种颠覆性的做法。他们并没有对这项运动当前的成功感到惊叹，而是一心想要谋求转变，这种转变从那时起就震撼了该行业的老牌企业，甚至连高尔夫球的及膝格子袜都不放过。

早在1997年，史蒂夫·乔利夫（Steve Jolliffe）和他的兄弟戴夫·乔利夫（Dave Jolliffe）就已经意识到："如果你不擅长打高尔夫球，就感受不到它的乐趣。"兄弟俩并没有忽视这一发现，也没有再点一轮带有蓝纹奶酪橄榄的超干马提尼酒，而是将注意力转向了高尔夫这项运动的一些缺点。比如，球技水平不同的人在一起打球的体验非常糟糕；比赛时间太长了；球场占用了大片的土地；比赛节奏很慢；费用高昂；需要多年的练习；与更现代的运动相比，观看高尔夫球比赛很无聊。

乔利夫兄弟并不是高尔夫行业中唯一感到沮丧的人。仅在美国，玩家的人数就从 2005 年的 3000 万下降到如今的 2340 万，玩家人数下降了 22%。自 2006 年以来，每年倒闭的高尔夫球场的数量超过了新开张的球场数量。这项运动给人一种老派的感觉，尤其是对于当代年轻人来说，他们认为打高尔夫球落伍了。

史蒂夫和戴夫希望找到一种新的玩法，于是他们开始尝试对这项沉闷的运动进行创造性的改革。如果我们创造出一种适合各种球技水平的新玩法会怎样？我们怎样才能加快这项运动的比赛速度？如何降低成本？如何吸引新的玩家而不是让他们产生排斥的感觉？就在沾沾自喜的领导者们一边抽着雪茄，一边咀嚼着煎过头的牛排时，兄弟俩发现了新的机会。

他们意识到高尔夫行业正处于青蛙过河游戏的关键时

期,而老牌的行业巨头非常不堪一击。

当时可追踪的微芯片刚刚开始普及,这使两位刚刚崭露头角的企业家萌生了一个想法。他们想把芯片植入高尔夫球中,从而准确地追踪高尔夫球的位置及距离。现在看来,这是一个伟大的想法,利用嵌入式技术跟踪每颗球的速度、高度和轨迹。两兄弟非常兴奋,感觉像发现了新大陆。任务完成,两人倒上了香槟,播放皇后乐队的歌曲《我们是冠军》(*We are the champions*)。

这个最初的想法虽然很厉害,但单靠这个想法无法改变这项运动。这项技术仅能帮助现有的高尔夫球手提高他们的挥杆水平,而无法彻底改变这项运动。所以,兄弟俩尝试以微芯片为基础,设计出一款新型的高尔夫球游戏。

乔利夫兄弟在伦敦工薪阶层居住的郊区沃特福德购买了一处高尔夫球练习场,开始重新构思高尔夫这项运动。与其让高尔夫球手们漫无目的地击球,不如悬挂大幅的彩色标志指示目标的范围,为高尔夫球手提供新的挑战。在2018年接受采访的时候,史蒂夫说:"我们想设计出一款引人入胜、令人上瘾的游戏,所以当一个新手把球打进前方的球洞时,他们比经验丰富的高尔夫球手击中目标时还要兴奋。"为了使球滚动得更加顺畅,同时也使成本降低,他们用人造草皮代替了天然草地。过去简陋的练习场如今变成了一个创新实验室,也是一个提供全新高尔夫球体验的实验场地。

然而，前期的经营并不顺利，兄弟二人很难解释这项新的运动。经验丰富的高尔夫球手对这个概念嗤之以鼻，新手也并不理解。潜在投资者和赞助商甚至连兄弟俩的电话都不接。

他们忍受怦怦怦的关门声甚至比被番茄酱弄脏的百科全书推销员还要多，但兄弟俩还是坚持了下来。兄弟俩这边做出一个小调整，那边又想出一个新主意。比如，我们是否应该提供食物？应该播放音乐吗？经历了一次又一次渺小而伟大的突破，他们的生意逐渐开始好转。

相比于过去一片泥泞的练习场，第一年新球场的收入就增长了 8 倍。坊间的评价非常积极、正面，客人们在这里见识到了其他练习场里几乎看不到的东西，大家都玩得很开心。以前从未参加过俱乐部的孩子如今也成为半职业的周末勇士，过去眉头紧锁、爱发脾气的客人，如今也面带微笑，笑声不断。

在伦敦凉爽的大雾天里，一个"怪物"诞生了。短语"Target-Oriented-Practice"（以目标为导向的练习）很快就浓缩为一个首字母缩略词：TOP，即拓高乐（Topgolf）。但是，即使有了一个时髦的新名字，前期也取得了一定的成功，守旧的人仍然无法预测接下来会发生什么。

兄弟俩继续忍受着拒绝。著名的行业投资者理查德·格罗根（Richard Grogan）两次拒绝了乔利夫兄弟。格罗根在参观了拓高乐之后，对他的合作伙伴说："虽然很欢乐，所利用的技术也很有意思，练习场的客人也不少，但我还是很遗憾地认为它不会成功。"然而史蒂夫和戴夫最终说服了理查德·格罗根，他决定购买拓高乐在美国的版权。

2005年，拓高乐登陆美国，这次备受瞩目的项目并没有取得预期的成功，以失败告终。华盛顿特区的分店并没有出现格罗根梦寐以求的门庭若市的场景，被寄予厚望的芝加哥和达拉斯的分店也十分冷清。格罗根眼看着就要遭遇灾难性的失败，这将是他职业生涯中最糟糕的一次投资经历。

尽管团队都认为这个项目乐趣无穷，但依然无法吸引客户的关注。所以，拓高乐的员工采取了最原始的方法——纷纷走上街头，身上穿着夹板广告牌，宣传拓高乐能够带来的乐趣。令人难以置信的是，这种看似缺乏想象力的方法反而奏效了。开始有客户走进练习场，并爱上了这款游戏。练习场排起了长队，口耳相传。之所以呈现这样火热的势头，并不是因为巨大的创新，而是因为一个小小的创意。

在接下来的几年里，一系列渺小而伟大的突破帮助拓高乐实现了惊人的增长。练习场的设施得到了提升，配备了大型厨房，每个厨房都配有一名行政总厨，从而提高了高尔夫球业务之外的收入，也能因此取悦客户。每间套房都安装了大屏电视、舒适的沙发等各种设施。玩家可以用手机连接实体的游戏，实现与社交媒体的融合，进一步提高乐趣。随后,拓高乐收购了在线多人游戏世界高尔夫巡回赛(World Golf Tour),进一步把拓高乐融入客户的生活。先进的核心技术可以分析球员的每一次挥杆,帮助他们提高比赛分数。

如今,拓高乐的发展势不可挡。公司即将上市,市值超过 40 亿美元。截至目前,拓高乐在美国、加拿大、墨西哥、澳大利亚和欧洲各国拥有 69 个场馆,并计划在未来 5 年内开设 100 个新场馆。在这个不断扩大的细分市场中,没有品牌能和拓高乐竞争。这是自机动球车问世以来高尔夫运动经历过的最大变化。

兄弟俩不仅创造了一家前途无量的公司(我当然希望自己是该公司的早期投资者),虽然他们的理念最初完全不被高尔夫行业接受,但这一理念目前正在推动这项运动的发展。拓高乐 54% 的客户年龄都在 18~34 岁,这意味着传统的高尔夫行业正在迅速流失自己极度想要争取的消费群体。如今,23% 的高尔夫新手表示,他们第一次挥舞球杆的经历都发生在拓高乐的球场中,高达 75% 的人表示拓高乐影响了他们打高尔夫球的决定。

从表面上看,该公司收获如此大的成功是因为一项单独、超大型的创新。然而,正是数十个渺小而伟大的突破才造就了如今强劲的增长势头,着实令我们钦佩。不单单是微芯片或者食物,也不单单是最原始的广告牌或者音乐,更不单单是电视机或是沙发。而是诸如比赛的速度、较低的成本、面向所有技术水平的选手、对年轻球员的吸引力等因素共同促成了拓高乐的成功。拓高乐之所以取得巨大的成功，并不是因为某个单一的想法，而是一个又一个微小创新共同作用的结果。

所有迹象都指向最高管理层

如果你并不想创办一家新公司或者没有打算颠覆整个行业，又该怎么办呢？也许你目前正经营一家小型企业或在一家大公司担任经理；也许你只是专注于抚养自己的孩子，只是希望有一小时的空闲时间来享受自己最喜欢的烹饪节目；或许你是一名刚毕业的大学生，还在努力寻找自己的道路；或许你希望在职业生涯中走得更远，希望做出早该做出的改变。

像我们大多数人一样，你可能被命令避开创造性的想法，就好像有人向你发出严肃的警告，告诉你抽骆驼灯（Camel Lights）香烟或闻埃尔默牛头胶水（Elmer's Glue）的风险。好像我们培养了创造力就等于释放了一些野性的冲动，会因此被关进少管所一样。所以，我们一再被教导要遵守规则，不能随心所欲。然而，这种误导性的建议就好像包办婚姻和用水蛭治疗传染病一样。事实证明，这种善意的建议绝不是获得成功的好方法。

在过去，创造力对大多数人来说都不是必需的。找一份好工作，循规蹈矩，低调行事，不惹是生非，听老板的话，35年后退休，带着一只14克拉镀金的精工手表。不幸的是，我们学到的过时策略充其量只能让我们变得平庸，甚至最坏的情况会让我们一事无成。所以，我们不能再遵从过去的建议，就像我们不能依靠塔罗牌来决定行程的方向一样。

不同的时代需要不同的方法和不同的技能组合。格雷格·布雷迪（Greg Brady）喜欢的橄榄绿长绒地毯，也许很难适合考特尼·卡戴珊（Kourtney Kardashian）。在加法机上制定的、在旋转电话上讨论的、在复写纸上打印且验证有效的策略，在当今这个数字化转型、变革和剧变的时代，也许无法帮助我们实现心中的期待。

根据美国人力资源管理协会（SHRM）2019年对"技能差距"的研究调查，全球劳动力缺失的第一大技能是"创造力、创新和用批判性思维解决问题的能力"。第二大最缺乏的技能是"处理复杂问题和模糊问题的能力"（创造力的高级应用）。

领英（LinkedIn）在2020年针对职场中最需要的技能进行了研究，位列榜首的是哪项技能？你猜对了：创造力。

瞄准最高管理层？国际商业机器公司（IBM）针对60个国家和地区的1500名首席执行官进行的一项研究指出，创造力是最重要的领导素质。

只是想找份工作？美国高校联盟（Association of American Colleges）2015 年发表的一项研究显示，"应聘者所表现出的批判性思考能力和解决复杂问题的能力比他的本科专业更为重要"。本科毕业后从事本专业工作的人指出，本科专业不重要，这就相当于麦当劳叔叔建议你成为素食主义者。

福雷斯特研究公司（Forrester Research）在 2019 年发布的关于人工智能和自动化的报告中表示，人类在未来与数字竞争对手的竞争中，保住工作的唯一方法是保持自己的创造力，这表明"创造性技能能够给予（并将持续赋予）人类比机器人更大的优势"。

这也正是矛盾的地方。人类被教导要压抑自己的创造本能，就好比青春期前的青少年被教导要压抑与同伴亲近的欲望。但各种迹象都表明，这个建议已经过时了。事实上，如果我们想找到一份工作、从事富有成就的职业、充分发挥自己的潜力，甚至提升个人生活水平，那就必须接受这样的观点：创造力是成功必备的素质。

相关的数据也能证明这一矛盾的现象。《广告时代》（Ad Age）做的一项针对 5000 名成年专业人士的研究报告表明，"80% 的受访者认为释放创造力对经济增长至关重要。然而，令人惊讶的是，只有 25% 的受访者认为他们正在发挥自己的创造潜力"。

著名的分析咨询巨头麦肯锡（McKinsey）决定探索创造

力和创新对经营绩效的影响。数据科学家们对这些数字进行了大量的研究，他们的发现颠覆了他们的线性思维。

相较于创造力水平较低的公司，创造力水平较高的公司为股东提供高于平均水平的总回报的可能性是前者的 2 倍，并且其实现高于平均水平增长的可能性是前者的 2.3 倍。该报告最后指出，"有创造力的领导者在关键财务指标上的表现优于同行"，"具有创造力的公司财务状况更好；不论是对个人还是对公司来说，创造力都是最重要的素质"。

我认为麦肯锡的人很快就会用他们的量角器换画笔。

2019 年，普华永道（PwC）第 22 次《全球首席执行官年度调查》（*Annual Global CEO Survey*）指出，位列技能差距榜首的是"有效创新的能力"，因为大多数领导者认为他们目前的创新能力不足。

世界大型企业联合会（Conference Board）发布的《2020 年高管团队挑战报告》（*2020 C-Suite Challenge Report*）对全球 740 位首席执行官进行了调查，"建立创新文化"被列为最紧迫的三大内部问题之一。

然而，大多数公司仍然没有充分培养自身创造力。麦肯锡 2015 年的一项研究显示，"94% 的受访经理表示他们对公司的创新表现不满意"。

我不了解你是怎么想的，但是我已经思绪万千。对于像我这样对理解数字有障碍的人来说，我最大的收获在于：

- 更具创造力的人、团队和公司总体上的财务状况都会更好。
- 大多数人、团队和公司在培养创新能力方面的投入都不够，他们都认为自己没有找到恰当的方法培养自己的创新能力。

730亿美元的奖励

可以肯定的是，所有这些报告和统计数据都给人留下了深刻的印象。但福布斯联合麻省理工学院提出了"创新溢价"的概念之后，人类就开启了大量运用数据统计的时代。

福布斯的分析奇才与麻省理工学院的超级天才合作，研究创新如何影响公司的股价。他们想要建立一个模型，分析一家公司被认为的创新程度是否会提高公司的股票价格。该模型的最初设计者之一杰夫·戴尔（Jeff Dyer）解释说："创新溢价是公司市场价值中超出其当前市场中产品所创造的现金流净现值的部分。换句话说，这是股票市场给予公司的溢价，因为投资者期望公司推出新产品并投放市场，从而产生更大的收益流。"

为了得到准确的数据，该模型计算了庞大的数据。他们利用瑞士信贷专有的算法，包括对45000家公司的历史现金流进行分析，数据总量超过50万个数据点。该团队审查了至少 6 年的财务数据，并根据公司规模、行业和地理位置对数据进行了校正。他们计算了投资回报率、预计现金流和再投资率的两年前瞻性一致估计，并根据市场波动、行业趋势、供应链因素对数据进行调整，为了安全起见，他们甚至连生肖因素都考虑在内。从本质上讲，他们考虑到了所有决定股票价格的逻辑因素，然后将其与实际价格进行比较，从而判断投资者认为公司的创新能力会带来多少溢价。结果显示，投资者为创造力付出了高昂的代价。

首先以赛富时（Salesforce）为例，它目前在福布斯年度最具创新力公司榜单上排名第三。截至撰写本文时（2021年），该公司的估值为 1610 亿美元。但现实的情况是：所有合理的数据显示，这家公司的价值应该只有 880 亿美元。这意味着，因为投资者认为赛富时将继续创新，抬高了该公司的股价，所以他们需要支付 82.27% 的创新溢价。简而言之，赛富时的创新溢价比其核心业务指标的价值高出 730 亿美元。

在福布斯一项对公司的创新溢价进行排名的榜单中，一家名叫现在服务（ServiceNow）的公司以 89.22% 的创新溢价位居榜首。这意味着该公司 870 亿美元的市值包括该公司的实际业绩价值 380 亿美元和高达 340 亿美元的对于公司创新能力的估值。

如你所料，特斯拉公司当然也上榜了，以 78.27% 的创新溢价位居第四。特斯拉的创新能力使公司的股东享受到了

650亿美元的红利。拿特斯拉公司与通用汽车公司相比,我简直惊掉了下巴。通用汽车作为美国最大的汽车公司,创新溢价估值仅为330亿美元,仅相当于特斯拉的22%,仅占通用汽车收入的18%。

为什么会出现这样的情况?特斯拉和通用汽车都是生产汽车的公司,从事相同的制造业务。通用汽车公司2019年的收入为1372亿美元,利润为66亿美元。同年,特斯拉公司的收入仅有246亿美元,亏损近10亿美元。根据所有理性的衡量标准,通用汽车公司的价值应该高于特斯拉公司,收入几乎是特斯拉公司的5倍,成功的历史也更加久远,而且公司的实际运营处于赢利状态,不像特斯拉公司还需要弥补亏损。但特斯拉公司享有更高的溢价,因为即使是从未坐过汽车的人也会认同特斯拉比通用汽车更具创新性。换句话说,通用汽车公司正在缴纳创新税,因为该公司无法让投资者相信公司可以继续创新,导致其股价受到重创。

创新溢价/创新税的概念不仅适用于已经上市的大型企业,也适用于所有企业。虽然小型私营公司的员工不用每天观察公司的股价,但他们会用自己的立场投票。那些彰显出创新方法的公司比平庸的同行更能有效地吸引、聘用和留住人才。如果私营企业能够充分挖掘自身创造力并有目的地营造创新文化,那么在最终兑现时能够收获更快的增长、更满意的客户,退市时也能收获更大的收益。无论你是经营一家理发店、加工工厂还是一家网络安全咨询公司，只要能够提升公司的创新性，就能提升公司的市场价值。

对于个人而言也是如此。经常展现出创造性思维并能够创造性解决问题的人会更快获得晋升，职业生涯也会获得更高水平的成功。如果你的目标是影响收益（培养成功的孩子、改变社区、改善环境），创新溢价概念依然有效。无论你处于什么领域、什么行业，以及你的目标是什么，对提高个人创新溢价方面进行的投资都会带来巨大的回报。

想想你可能会做的任何投资，比如股票、房地产投资或者入股你姐夫新开的意大利餐厅。不管是哪一种投资，你都会投入一定的资源（金钱、时间、精力）来换取预期的回报（经济收益、让邻居羡慕的房子、一碗免费的烤通心粉）。但任何投资都会伴随另一个因素，那就是风险。投资蓝筹股的风险要低于投资暴发户式的西西里联合公司（Sicilian joint）。所以，我们接下来将研究3个因素：投资、预期回报和风险。

首先我们对外部投资（例如，购买173股埃克森美孚公司的股票）与投资自己的创造力进行比较。投资自己创造力的成本很低，特别是因为你购买了本书。你肯定有时间投资自己的技能，并且绝对不会耽误你赚这个月的房租。

一旦你提高了自身的技能，便会始终掌握这种技能。投资股票必须在出售股票之后才能获得收益，但不同的是，投资自己的创造力是在你仍然保有基础资产的同时不断获得回报。随着经济发展越来越快，竞争也越来越激烈，提高创造性技能会带来越来越多的回报。你会一直享受内部投资的回报，因为表达创造力本质上是令人满意的。此外，创造力是可再生的，它不像天然气公司投资数十亿美元建造一口最终会枯竭的海上油井。

投资埃克森美孚公司的股票会怎样？由于受到无数不受你控制的力量的影响，这项投资非常不稳定。你要知道，由于石油市场的崩溃和疫情导致的低消费趋势，该股票目前的交易价格处于5年来的最低点。你的投资也会受到市场监管、气候变化、竞争压力等因素的影响。更不用说像埃克森·瓦尔迪兹号油轮泄漏事件这样的灾难了。相比之下，对创造力的投资能够长久抵抗这些外部力量的威胁。再说回投资基础，哪种赌注的成本最低、风险最低、回报最高，难道还不够显而易见吗？

这和我们被灌输的策略完全不同。曾经感觉安全的东西已经变得危险，反之亦然。事实上，一场大规模的转变即将应运而生。在成长的过程中，我们被教导硬性技能是一张金票，结果却发现这一类的大多数技能已经被自动化或商品化（我猜它们其实并没有那么"难"）。另外，我们被教导要放弃与想象力相关的软性能力，去追求"实际的工作"。事实是，这些技能才是我们最需要的技能，也是与经济收益、高效表现和深远影响最相关的技能。

🔥 七三定律

我们都听说过二八定律：80% 的利润来自 20% 的客户；20% 的员工创造了 80% 的生产力；80% 的棘手局面来自 20% 的问题。维尔弗雷多·帕累托（Vilfredo Pareto）极具洞察力，早在 1896 年就意识到意大利 20% 的人口拥有意大利 80% 的土地。所以他赢得了这个众所周知且普适度极高的概念的署名权。

让我们来看看帕累托法则的一个现代变体，它适用于现有的知识、进步和创造力。一般来说，众所周知的是我们目前的培训、经验和精心安排的计划只能实现预期 70% 的成果，而剩下 30% 的差距只能通过创造力来实现。

想象一下，你经营了一家已经成立了 46 年的食品配送公司。公司拥有 735 名员工，一直以来都处于收益丰厚的状态，并且有着良好的声誉。在如此令人羡慕的情况下，你认为自己继续奉行之前行之有效的策略似乎更合乎逻辑。俗话说：如果没有坏，就不要修理它。

但问题是，你周围的环境一直在变化，并且以一种史无前例的速度发生变化。虽然你还没有打破想象中的规则，但已经处于真人版的青蛙过河游戏中。就像青蛙一样，如果你想让公司继续保持赢利，那就必须跳进未知的水域。

在荧光灯照耀的海滩主题奥兰多舞厅里，团队成员狼吞虎咽地吃着鸡尾酒虾，一年一度的大型战略推广会又隆重开幕了。各职能部门的负责人详细讲解其部门战略规划的细节，之后就可以享受到丰厚的年终奖了。我们以前做过类似的规划，知道自己在做什么，所以能够轻松应对。

但是，当大家离开舞厅不久后，公司就开始走下坡路了。蘑菇供应不足意味着公司的供应链出了问题，给销售人员也带来了巨大的压力。刚刚成立的竞争对手是一家环保型的公司，它们从硅谷获得了巨额的投资，刚刚开发出了一个新的技术型分销系统。相比之下，你们公司的分销系统就显得过时已久，就好像是在尼克松执政时期建成的。公司的运营高级副总裁曾经是你永远可以依靠的得力助手，但她遇到了中年危机，辞掉了公司的工作，转行做了一名瑜伽教练。就在你认为情况不会变得更糟的时候，公司餐厅的顾客订单减少了一半，因为政府要求餐厅遵守保持社交距离的规定。在温暖的奥兰多，你甚至没有听说过这个概念。

正如约翰·列侬的名言："当你忙着为生活另做打算之时，它已悄然来临。"对于你所经营的食品配送公司而言，几个月前批准的计划现在几乎已经无法实现。过去的经验或许可能对你有所启发，但你现在面临着以前从未克服过的挑战。庆幸的是，过去制订的行动计划依然有效，能够确保你实现 70% 的目标。但哪个公司愿意以刚刚及格的成绩侥幸存活呢？

目前，你正在紧盯着创造力造成的差距，这 30% 并未按照你的计划发展。为了克服这 30% 的创造力差距，你必须在模棱两可的情况下做出决定。你需要即兴发挥，实时适应快速变化的环境。此外，你需要创造性地解决问题才能克服挫折，创造性地思考才能找到新的增长机会。

你的青蛙需要学会快速地向新的方向跳跃。

作为一个有创造力的领导者，你会想出办法，一次实现一个渺小而伟大的突破。为了和精明的竞争对手竞争，你搭建了一个基于云技术的平台，搜遍了地球上的各个角落，找到了一个更好的蘑菇供应来源，与其达成了多年的合作协议，借此降低了成本、创造了竞争优势。此外，你引入一位行业外人士填补运营高级副总裁的空缺，给公司提供了一个全新的视角和一系列新的经验。鉴于要保持社交距离造成的餐厅订单需求日益减少的现实情况，公司提出了向医院、急救人员和机构买家配送食物的想法。有些想法是大胆的，但更多想法并不引人注目。正是想法的数量，而不是某一个想法的重要性，使你这样英勇的领导者超越了行业的标杆，实现公司增长最快的一年。

你当然可以忽略七三定律。想象一下，如果你停滞不前，无法适应不断变化的环境，未能发现或提高自身的创造力，你和公司只能坚持最初的计划。而现阶段，由于公司之前的优势和如今强劲的势头，你的团队完成了预期目标的70%，公司依然能保持偿付能力。

问题是，七三定律每年都会呈现复利效应。如果公司只完成了目标的70%，当你进入下一年时，起点就和上一年完全不同了。这家公司在缺乏信心的情况下步履蹒跚地进入了新的一年，上一年糟糕的表现使得董事会紧盯着你，营造了一个没有创造性冒险空间的紧张环境。理论上说，我们只需要未雨绸缪，做好自己的工作。所以，你和团队决定谨慎行事，却发现这实际上是最危险的做法。第二年又有30%的目标没有达成，随之而来的是裁员、领导层变动。

但是，如果这种复利效应反而对你有利呢？想象一下，如何在艰难时期取得史上最好的销售业绩，增强自己发挥创造力的信心？一旦克服困难，弥补了30%的差距，第二年就会继续延续之前的佳绩。从首席执行官到货运副主管，都已经把新想法和新思维视为常态，他们势必会让现有客户的市场份额稳步增加，赢得新的客户群。现金盈余使企业能够对未来的技术和基础设施进行大胆的投资，从而提高竞争优势，同时也能保证公司有充足的资金为员工发放奖金。

七三定律所引发的周期性复利效应，势必会对你造成有利或不利的影响。

和本书中的大多数概念一样，七三定律同样适用于个人层面。克服每年 30% 的差距必定会对你产生积极的影响，让你获得越来越多的红利，不论是职位的晋升、收入的增长，还是更高的工作满意度。一旦你能够以辉煌的成绩弥补 30% 的创造力差距，就会推动你发挥自己的全部潜力，提升你的技能和信心，让明年的战斗变得更加容易。另外，你也不会因为连续几年的失败而陷入恶性循环。这种恶性循环很快会演变成无声的绝望，愈发增加东山再起的难度。

公式化的失败

公式适用于创作浪漫喜剧、组建乐队或调制一杯口味绝佳的鸡尾酒。公式存在的全部原因是提供一个可预测的结果。公式有时会获得积极的结果。比如，我几乎每次去拉斯维加斯都会在酒吧喝到那种口味绝佳的鸡尾酒，公式在这种情况下是非常受用的。这使得我们很想知道，为什么我们知道要避免公式化的失败，却依然存在这么多公式化的失败。

你看过多少次下列的场景？

第一幕："年轻的创新者"

一家新公司，我们姑且称为 A 公司，极具创新性。不仅客户青睐这家公司，它也是华尔街的宠儿，因此吸引了最优秀的人才，而且创造的利润可观。这个新市场领导者碾压了沉睡的行业巨头，使其失去了在行业中原有的地位。

第二幕："挑战者"

几年后，一个新竞争对手出现了，我们称为Z公司，它发现了我们忽视的一个漏洞。这个挑战者找到了一种为客户传递价值的新方法，它采取这种新方法并开始取得突破，而原来的创新者现在成为市场的领导者，试图巩固自己的地位。但新的挑战者Z公司更灵活、更具创新性，不受过去的束缚，开拓进取。

第三幕："未被察觉的衰退"

基于之前的势头，A公司继续保持增长，但增长速度放缓了许多。领导者会说一些陈词滥调，例如，"公司会好起来的。我们以前经历过这种情况"。他们的傲慢扭曲了真相，逐步损害了公司股东的利益。与此同时，新的挑战者Z公司继续蚕食市场，挖走了A公司的关键员工，抢走了关键客户。

第四幕："最后一口气"

曾经斗志昂扬、现在依然有权有势的A公司领导人终于意识到形势的严重性，但为时已晚。一系列的失误、接连错失机会、保守的赌注都使得公司注定要面临倒闭的命运。高管们争先恐后地兑现他们的黄金降落伞[①]，但股东和客户都为此付出了惨痛的代价。挑战者 Z 公司成为行业新的领头羊。

让我们做个测试。以下两列公司的对比，都明确了公式化的失败。

A 公司	Z 公司
宝丽来（Polaroid）	照片墙（Instagram）
兰德·麦克纳利（Rand McNally）	位智（Waze）
百视达（Blockbuster）	网飞（Netflix）
土星汽车（SATURN）	特斯拉（Tesla）
东方航空（Eastern Airlines）	捷蓝航空（JetBlue Airways）
杰西潘尼（JCPenney）	飒拉（Zara）
芭斯罗缤（Baskin Robbins）	帕芭厘（Pinkberry）
黑莓（Blackberry）	苹果（Apple）
聚友网（MySpace）	脸书（Facebook）[②]
鲍德斯书店（Borders Books）	亚马逊（Amazon）
玩具反斗城（Toys "R" Us）	塔吉特（Target）

虽然这些都是大家有目共睹的经典案例，但在几乎所

---

① 黄金降落伞指员工如被解职即可获得大笔补偿金的聘约条款。——编者注
② 现更名为"元宇宙"公司。——编者注

有行业、所有地区且无论公司规模的大小，找到适用于上述公式的案例比用谷歌搜索天气预报还要容易。例如，某家笨重且老派的律师事务所被现代、便捷、技术型事务所挤垮了；脱离现实的专业软件巨头被更具创新精神的行业新贵所取代。类似的情况也适用于个人的职业发展，以及大学、教会、社区等集体组织。我们在小学五年级写话题作文时，就会因为缺乏想象力得到刚刚及格的分数，为什么我们还要继续重复这种失败的模式呢？为什么我们总是犯同样的错误？

我们不能忽视在青蛙过河游戏中，这个两栖动物给我们带来的启发。它向我们传递了明确的信息：我们需要培养创造性技能才能不断进步，否则就要面临满盘皆输的风险。停滞不前是极其危险的做法，而高频、可控的创造性措施能够铺平一条清晰且更安全的前进道路。

现在正是锻炼你的创造力最重要的时刻，也是展示你的创造力的时刻。

在第四章中，我们将探讨创意英雄如何利用日常习惯做出不平凡的业绩，还将了解到多产的创新者如何提高自身的技能，就像运动员利用训练方法提高自己的能力一样。培养创造力的健身房或许看起来更像是某位艺术家的工作室，但依然坚守通过重复来练习达到精通的理念。

我们将一起窥探幕后的"雷迪·嘎嘎、班克西和斯蒂芬·斯皮尔伯格",总结他们台下的训练习惯。此外,我们还将研究传奇的艺术家、音乐家、作家、发明家和商业领袖如何通过简单的日常习惯培养自己的想象力。

我还将分享自己的习惯,也欢迎你利用这些习惯提高自己的创造力。

第四章
锻炼创造力"肌肉"

英国诗人伊迪丝·西特韦尔（Edith Sitwell）每天早上的第一件事就是躺在一个敞开的棺材里，写下她这一天的第一句话。

中松义郎博士发明的软盘只是他3300项专利中的一项，他经常把自己置于水下，只有在快要被淹死时才会产生新的想法。

著名小说家卡夫卡起初根本不会写作，直到有一次他赤身裸体地站在一扇打开的窗户前，进行了十分钟的例行锻炼，让其他人看他的裸体。

帕特里西亚·海史密斯（Patricia Highsmith）创作了几部深受大家喜爱的心理惊悚片。她每天只有在两三百只活蜗牛的陪伴下，才能创作出两千字的剧本。

英国科学家和哲学家培根被认为是科学方法的发明者；但他在日常生活中，每天喝6瓶或更多的葡萄酒，暴饮暴食，每天吃一大把药丸，还经常赌博。

当然，我想要强调的并不是这些极富创造力的传奇人物的古怪仪式，而是他们利用习惯的力量激发自己的想象力。多产的音乐家、电影制作人和发明家利用他们一贯的套路激发自己的创造力，创作出令人惊叹的作品。

对我们来说，创造性的习惯并不一定都是奇怪的行为。畅销书作家和习惯专家詹姆斯·克利尔（James Clear）在他的《掌控习惯》（Atomic Habits）一书中将习惯描述为"自动做出的有效决策"。他引用杜克大学（Duke University）的一项研究：人一天之中40%以上的行为都是出于习惯。说白了，如果我们想培养自己的创造力，首先应该从审视自己的习惯开始。

在我学习爵士吉他的时候，几乎所有的进步都是由于我坚持不懈地练习。虽然我早已数不清自己一个人在二手节拍器发出的催眠声中刻苦练习了多少个小时，相比之下，聆听一位优秀老师的吉他课更能给我启发，更能促使我进步。

我们一直被教导，学习一项新技能需要一万小时的练习，正如作家马尔科姆·格拉德威尔（Malcolm Gladwell）著名的"一万小时成功理论"所证明的那样。虽然我们的确需要很长的时间才能精通某些领域，但我更喜欢作家乔希·考夫曼（Joshua Kaufman）提出的20小时理论。

在他2013年的TED演讲中，考夫曼用一种滑稽的口吻质疑了一万小时成功理论的有效性，并提出了另一种选择。

他建议，只需 20 小时的刻意练习就可以获得任何新技能所需的基础知识。虽然你可能不会成为一名品酒大师，但你一定能够学会鉴赏葡萄酒的基本知识。虽说 20 小时的时间不足以让你像演奏家马友友那样演奏大提琴，但足以让你轻而易举地演奏出《小星星》这样的歌曲，同时对这款乐器有了初步的了解。

当我们意识到只需要投入几个小时的时间提升自己的创造力，就能收获我们所追求的丰厚回报时，20 小时的概念就发挥了它的作用。你根本不需要获得创意研究的博士学位，就能实现渺小而伟大的突破，因为挖掘自己的想象力对每个人来说都不是一件难事。

让我们进一步将这 20 小时划分成更容易管理的几个部分。每天 20 分钟持续 2 个月，或者每天 10 分钟持续 4 个月——这是我们每个人都能做到的一项投资，它将会使我们更接近 5% 的创造力提升。少看几集你最喜欢的真人秀节目，就能完成这项对时间要求较低的投资，从而有效实现创造力的提升。

在本章中，我们将了解帮助创作者实现创新的习惯和思维方式，但我们发现正是大量的日常"小创新"帮助他们实现了"大创新"，所以他们的方法也同样适用于像你我这样的普通人。

剥皮

杜珍妮出生于一个中国家庭,早年间父母移民到加拿大,所以她后来形容自己成长于一个"超级蓝领家庭"。尽管珍妮的父母没有接受过正规教育,但他们要求4个女儿认真读书。她的父亲是一位电焊工,经常每周工作7天,而她的母亲为了生计也尽其所能多打一份工,所以4个女儿在很小的时候就学会了独立。

珍妮的其他3个姐妹都走上了传统的职业道路,两个成为验光师,一个成为牙医。但珍妮在获得化学博士学位后,仍然不确定自己想从事什么职业。

后来,珍妮与加州大学圣巴巴拉分校的博士后詹姆斯·罗杰斯(James Rogers)、卢·佩雷斯(Lou Perez)共同致力于解决世界上的难题之一:食物浪费。令人震惊的是,世界上40%的食物浪费是因食物变质所致,而10%的温室气体排放都是因为食物浪费。相比于由此所产生的经济和环境影响,更糟糕的是,浪费食物意味着有人要被迫挨饿。

世界卫生组织的数据显示,8.21亿人,也就是说地球上每9个人中就有一个人每晚会饿着肚子睡觉。随着地球上人口的持续增长,这个问题会更加剧。

大量的食物浪费与养活饥饿人口的迫切需要之间存在着巨大的矛盾,这使得珍妮、詹姆斯和卢开始提出了一系列问题。现阶段人类如何储藏食物？冷藏技术是否还有提升的空间？植物如何进行自我保护？为什么植物从藤蔓脱落后就开始腐烂？导致食物变质的原因是什么？珍妮和团队坚持不懈，继续把每个问题细分成3个小问题。

问题的开头是3个不同的疑问词："为什么""如何"和"如果"。如果我们能找到一种方法保护收获后的农产品呢？每一种水果和蔬菜都有一层起到保护作用的外皮，如果我们能够提高天然果皮的保护效力呢？

珍妮和团队根据这些问题做了大量的实验，又基于这些实验的结果产生了一个伟大的想法：如果我们能开发出一种纯天然的植物涂层，该涂层可以大大减缓果蔬的腐烂进程，那会怎么样？提高天然果皮保护效力的想法促使3位年轻科学家采取进一步行动。他们连续两年深夜喝咖啡、啃比萨，全身心地投入实验，终于在2012年得到了比尔和梅琳达·盖茨基金会的一小笔赞助，成立了"Apeel Sciences"（以下简称"Apeel"）。

最初的创意只能算是一个好的开始，在最初的火花之后，正是团队做出的一系列渺小而伟大的突破才将团队的愿景变成了现实。又过了6年，他们的第一个产品——一款用于牛油果的果皮喷雾被美国食品及药品监督管理局批准用于商业用途。

"关于牛油果的笑话是：不是现在，不是现在，不是现在。现在？太晚了。"联合创始人詹姆斯·罗杰斯笑着说，"但是当你买到'Apeel'的牛油果时，这个玩笑就不再有意义了，因为这种水果能长时间保持新鲜。"相较于未经"Apeel"植物涂层处理的牛油果，处理后的牛油果的保质期延长了3倍。罗杰斯接着说："这个涂层，你看不到、闻不到，也尝不到，你甚至根本感觉不到它的存在。这是一种纯植物的涂层，我们只是用食物来保护食物。"

虽然这家位于圣巴巴拉郊区的小公司是由3个"书呆子"成立的，但其保持强劲的发展势头引起了很多关注。比尔和梅琳达·盖茨基金会提供了额外的资金支持，资助该公司后续的研发工作，3位联合创始人也引起了媒体、科学界和竭力想要投资的风险投资者的关注。硅谷的安德森霍洛维茨公司曾因投资脸书（Facebook）、爱彼迎（Airbnb）和推特（Twitter）而著称，现在又向"Apeel"注资7000万美元。此外，"Apeel"还吸引了明星投资人凯蒂·佩里和奥普拉·温弗瑞的加入。

温弗瑞在她投资该公司的公开声明中说："我讨厌看到食物被浪费，因为世界上还有那么多人吃不饱。'Apeel'可以延长新鲜农产品的保质期，这对于我们的食物供应至关重要。"

《时代》杂志将"Apeel Sciences"评为2018年《时代》杂志年度五十大天才公司之一。与此同时，在瑞士达沃斯举行的世界经济论坛举办的仪式上将该公司评选为年度科技先锋。2019年,《快公司》(*Fast Company*)杂志将"Apeel"评选为最具创新精神公司榜单的第七名,领先于苹果、美国互动健身平台"Peloton"和环球音乐集团。

2020年5月26日,水果保鲜公司"Apeel Sciences"达到了每个初创公司创始人梦寐以求的目标。由新加坡主权财富基金向该公司注资2.5亿美元,使该公司的估值超过10亿美元。珍妮、詹姆斯和卢的创意概念已正式发展成一家"独角兽"公司。独角兽是硅谷的一句俚语,用于形容一家估值达到10亿美元的初创公司。

"Apeel"有了充足的资金后,现在正朝着对世界产生积极影响的方向迈进。公司的创始人在一份声明中指出:"食物浪费是对参与食品系统的所有人征收的一种隐形税。消除全球食物浪费每年可以节省多达2.6万亿美元,可以为种植者、分销商、零售商、消费者和地球打造更好的食物生态系统。让我们一起将时间重新投入粮食产业,以应对食物短缺危机。"

在参观公司总部时,团队成员丹尼尔·科斯坦萨(Daniel Costanza)解释说,由于"Apeel"防护喷雾的问世,公司的一位客户不用再给黄瓜包上一层保鲜膜了。仅仅是这一项改变,节省的塑料相当于把帝国大厦包裹11圈。科斯坦萨接着说:"想象一下,如果全球的食品行业都采用这一技术,那会使一次性塑料行业产生巨大的范式转变。这太疯狂了。"

加州大学圣巴巴拉分校的一群叛逆的博士后研究人员如何创立了一家如此成功的公司?我很难抗拒他们的产品,他们通过一系列日常的习惯提升,培养了自己的创造力,取得了现在的成就。就像公司致力于保持水果和蔬菜新鲜一样,输入、条件和重复不仅能够提高自身的创造力,还是我们提升自身能力的基石。

对于农产品来说,阳光、水、肥料和土壤等积极的输入可以促进农作物的生长,而昆虫和疾病等消极的输入则会加速农产品的腐烂。为了种植健康的农产品,农民一方面努力改善外部条件,如气候及邻近其他作物等,另一方面也注重保护周围环境使农作物免受有害影响,如爱吃根茎的啮齿类动物。农作物从播种到收获,需要足够的生长时间。想种出可口的草莓,必须要保证持续几个星期的阳光照射和重复浇水。

也正是输入、条件和重复这3个因素促进了"Apeel"的壮大和成功。源源不断的好奇心使得公司的创始人萌生了最初的想法,加之对食物浪费和世界饥饿问题的广泛研究,与这些问题本身一起成为对"Apeel"的输入。输入还包括珍妮与她的3个姐妹在家里一起度过的岁月,这段时间培养了她强烈的独立意识和解决问题的能力。在成立"Apeel"之前,她和其他联合创始人在化学实验室共同度过了数不清的时间，使得他们对科学研究的过程有了深入的了解。随着公司的发展壮大，输入的形式变成了资本、新加入的团队成员、公众的认可和全球各个国家的研究成果等。

不论是毗邻一所研究型重点大学，还是公司时髦的新总部，条件都发挥了关键的作用，使公司能够良好地运转。在公司内部，珍妮一手打造了公司的文化，以此作为培养创造性思维和创造性解决问题的条件。珍妮在2020年接受《福布斯》杂志的采访时坦言："我有幸遇上了一个绝佳的机会，使我能在自己感兴趣的技术领域从事有意义的工作，能够从头开始建立公司文化和价值观。我还能奢求什么呢？"

她开始着手打造以透明度和信任为核心的公司文化，鼓励团队成员分享任何所能想到的想法。2019年，珍妮受邀到加州大学圣芭芭拉分校演讲时说："我们公司每周一都会举行一次全体会议。你可以听到公司不同部门的员工表达他们的想法……大家畅所欲言。大家都很坦然、坦诚，但多少也有点儿脆弱。"

我们习惯把重复部分排除在艺术、才华等浪漫概念之外，但只有重复才能有质量地培养个人和组织的创造性肌肉。珍妮和团队多年来日复一日地研究"Apeel"的配方，希望开发出一种可以喷洒到农产品上的有机、可食用的果皮，这种果皮可以显著减少水分流失，放慢食物氧化的过程。说起来容易做起来难。如果没有持续的坚持，"Apeel"很可能淹没在其他数百万个听起来不错但永远无法实现的原始想法。

无论你是想要消除世界上的饥饿，还是只想学习用班卓琴演奏《美国派》，都有一套系统化的方法培养自己的创造力。如果你研究了历史上最伟大的创新者，无论是作曲家和剧作家，还是发明家或商业偶像，大多数天才在培养创造力方面都相当务实。他们形成了一套系统的方法，通过日常习惯培养自己的创造力，为自己的创造性发现打下基础。

我们的练习习惯由输入、条件和重复这3个要素组成，也正是这3个要素推动了杜珍妮创办的"Apeel"大获成功。所以，我们每个人都能制订出自己的训练方案，以此来提高自己的创造能力。通过这3个习惯性的要素，我们在成长过程中学会了玩链锯、跳探戈舞、说葡萄牙语。这3个要素能够让我们每个人变得更有创造力。

输入

在神秘涂鸦艺术家班克西18岁时，一次险些被警察抓走的经历改变了他的艺术创作过程。班克西的家乡位于英国的布里斯托尔，他和一群艺术家同行在家乡共同创作以一辆停着的火车为背景的涂鸦艺术作品，被当地政府发现了。在

2003年接受采访时班克西回忆道:"我的其他伙伴都被抓到了警车上,我在一辆车底躲了一个多小时,满身都是机油。就在我躺在车底听着警察说话时,我意识到我必须把绘画时间缩短一半,否则就得完全放弃。在此过程中,我一直盯着油箱底部的印刷板,我发现我可以复制这种风格,把每个字母画成3英尺(约0.9米)高。我剪下第一个印刷板时,就已经能感觉到其中的力量。"

班克西目前是世界上最著名的艺术家之一,他独特的艺术创作风格恰恰起源于这长达一小时的凝视。制版成了他首选的创作方法,使他的作品拥有较高的辨识度。这位涂鸦艺术家、活动家、画家和电影制作人在2010年被《时代》杂志评为世界上最具影响力的人物之一。

当你审视班克西那些令人惊叹的作品时,你会清楚地发现他背后的输入,就像他的签名一样清晰。班克西的作品中最明显的元素之一就是,他一直都是匿名创作。在人们制作戏剧只是为了获得关注的时代,没有人知道班克西的真名以及他的长相。他拒绝任何形式的曝光,从不渴望出风头。事实证明,班克西之所以选择匿名,正是因为他人的输入。

2019年2月,一幅创作于15世纪晚期的作品《圣母玛利亚》被拍出了250万美元的高价。这幅画是由一位被称为"绣叶大师"的匿名艺术家创作的,他是那个时期数十位匿名艺术家中的一位。当埃莱娜·费兰特(Elena Ferrante)被提名诺贝尔文学奖时，组织者一度担心万一她获奖了该怎么联系她，因为她自1992年以来一直用假名创作，没有人知道她的联系方式。

班克西的另一个特点是喜欢恶作剧。有一次，他偷偷溜进卢浮宫，挂上一幅《蒙娜丽莎》的复制品，上面贴着笑脸贴纸；还有一次，他在纽约大都会艺术博物馆的墙上挂了一幅戴着防毒面具的女人的小型肖像画，竟然没被任何人发现。

班克西最著名的恶作剧登上了世界各地的新闻头条，换句话说，他的"恶名"早已远超其他在世的艺术家。2018年，苏富比拍卖行的拍卖师敲下木槌，宣布出售班克西的画作《女孩与气球》（*Girl with Balloon*）时，这幅作品启动了"自毁"装置，在场的人目瞪口呆，感到惊恐万分。苏富比拍卖行多年来一直拥有这幅画的所有权，但在拍卖行的工作人员毫无察觉的情况下，班克西就已经偷偷在画框内安装了一台迷你碎纸机。班克西可以用手中的遥控器远程启动这台碎纸机，人们不知道他为何这样做。

想象一下，刚刚花了140万美元买下这幅画的买家会有多么震惊。我们不知道班克西出于何种动机制造了这场恶作剧，是否正如艺术史学家凯尔西·坎贝尔-多拉格汉（Kelsey Campbell-Dollaghan）所说的那样，这是艺术家运用游击战术来表达他们对自己赖以谋生的评论家、交易商、画廊经营者和博物馆馆长的蔑视。还有一种说法是，班克西拥有出众的营销思维，借此提升自己的个人品牌及作品价值。但在这次拍卖中，买家显然笑到了最后。据《财富》杂志估计，这幅画的价值自恶作剧发生以来已经翻了一倍多。

但班克西并不是最早上演恶作剧的先驱。早在20世纪70年代，艺术家哈维·斯特龙伯格（Harvey Stromberg）就曾冒充过摄影记者，在纽约现代艺术博物馆各处张贴了300多张普通贴纸，工作人员用了两年多的时间才发现并撕掉了这些贴纸。

不论你是否相信，班克西甚至不是第一个制造恶作剧，毁坏自己的艺术作品的人。早在1960年，艺术家尚·丁格利（Jean Tinguely）的雕塑作品《向纽约致敬》(*Homage to New York*) 在纽约现代艺术博物馆举行的花园仪式上首次亮相。此时恶作剧开始上演，这幅作品在众人眼前燃烧了起来，在场的人们对此感到不解。博物馆馆长用了以下文字描述当时的场景：

一个气球充气爆裂，释放出彩色烟雾，绘画完成又毁掉，瓶子坠地，摔得粉碎。自动演奏的钢琴、金属鼓、无线电广播、艺术家解释作品的录音，为这部作品的自动毁坏提供了刺耳的音轨——直到消防局出面才戛然而止。

从制版的创作手法到他的笔名再到其恶作剧，班克西从其他创作者那里获得了灵感，并以此为输入发展出自己独特的艺术风格。他的颠覆性题材也是一种输入。他把一头 8000 磅（约 3629 千克）重的活大象涂成鲜红色，然后在它巨大的身体上画上一幅金色鸢尾花图案，是为了应对全球贫困。虽然一头活象在艺术画廊中展览引起了动物权利活动家的愤怒，但班克西希望传递的信息不容忽视。他在一份书面声明中表示："画廊里展示的大象正是 13 亿生活在贫困线以下的人口的缩影。"

输入在任何训练中都至关重要。如果你想保持身材，你的输入就是食物、水和营养补充剂。此外，输入可能还包括私人教练、对你负责的健身伙伴以及订阅《慧优体》（*Weight Watchers*）杂志。

通过输入提升自己的创造力，我欣赏各种形式的艺术作品，从音乐到文学再到美术。我还尝试消化与工作或现有爱好无关的输入。你或许想象不到阅读《流行木工》（*Popular Woodworking*）杂志或观看如何修剪盆景的教学视频会给你带来多大的影响。有时候，随机的输入会对创造力产生巨大的影响。

乔治·哈里森（George Harrison）是大名鼎鼎的披头士乐队的吉他手，他有段时间沉迷于研究东方哲学，试图了解其中的核心原则"相对论"。于是，哈里森在 2002 年的自传

《我我我》（*I Me Mine*）一书中指出："在我看来，相对论似乎是一种源于东方的观念，即一切事物相对于其他事物而存在，而西方人认为事物的存在纯属巧合。"他决定随机翻开一本书，根据他看到的第一个单词创作一首歌曲，以此来测试这个概念。于是他翻开一本满是灰尘的精装书，碰巧看到页面的中央印着"轻轻哭泣"几个字。由此创作的歌曲《当我的吉他轻轻哭泣》（*While My Guitar Gently Weeps*）被《滚石》杂志列为"史上最伟大的500首歌曲"之一，也被大众认为是其最好的作品之一。

德国诗人、剧作家席勒的输入方式比较特殊，他在自己的书桌抽屉里塞满了腐烂的苹果，需要闻着腐烂的恶臭味才能创作出作品。不论是传统的输入方式，还是非传统的输入方式，在养成提升创造力的习惯时，我们都要考虑自己最适合哪种输入方式。

条件

斯皮尔伯格20岁时就与环球影业签订了7年的电影制作合同。斯皮尔伯格当时年轻且敏感，能获得如今的地位绝非偶然。他当时的老板、环球影业总裁西德·谢恩伯格（Sid Sheinberg）非常确定地告诉年轻的斯皮尔伯格，这是他释放创造力的关键时期。谢恩伯格告诉这位年轻人："无论你成功与否，我都会一如既往地支持你。"如果斯皮尔伯格处于另一种环境下，我们无法确定他是否会创作出如此不朽的作品。谢恩伯格为斯皮尔伯格提供了理想的条件，让他冒险完成极富创意的艺术创作，这些作品帮助他增强了自信，提升了其艺术水平。

输入阶段之后，条件与工作本身一样重要。就好比温室为种植某些植物创造了理想条件，条件是提升艺术能力的关键因素。条件包括物理环境、仪式和奖励、设备、外部压力和要求、截止日期以及周围的人等因素。

传奇摇滚乐队史密斯飞船（Aerosmith）利用条件来激发乐队的创造力。每周，他们都会举行一次名为"敢于做傻事"的会议。主唱史蒂文·泰勒（Steven Tyler）解释说："我们每个人都提出一个自己认为可能很糟糕的想法，甚至可能会因为这个想法而感到尴尬。虽然十有八九这些想法都很糟糕，但我们依旧会阐述这些想法，十次中总有一次会创作出类似《窈窕奶爸》（*Dude Looks Like a Lady*）或《电梯里的恋情》（*Love in an Elevator*）这样的歌曲。""敢于做傻事"这样的会议仪式让乐队成员可以无所畏惧地分享自己疯狂的想法，帮助他们成为更好的艺术家，同时为乐队提供新的创作灵感。

在一个与创造力密切相关的仪式中，烟蒂投票箱的发明者特雷温·莱斯特里克每周五都会例行召开一次名为"搞砸星期五"的团队会议。每周的周五,团队成员都会从家里自备午餐,并在午餐时间分享自己这一周内搞砸的事情。但他们不会因为这些错误被批评,反而会被称赞。团队所有成员共同面对并反思每一个失误,探讨可能对未来发展有帮助的计划。如果有人这周没搞砸任何事情,特雷温会询问他们其中的原因,并催促他们在接下来的一周承担更多的创造性风险。周五的仪式有助于培养团队发挥创造力的勇气,同时提高大家对失败的容忍度。

林–曼努尔·米兰达曾为迪士尼动画电影《海洋奇缘》(*Moana*)创作插曲《海洋之心》(*How Far I'll Go*),他指出条件对于他成功创作出这首歌曲至关重要。他开始写一首名为《我想要》(*I want*)的歌曲,由电影中的主角演唱。为了寻找灵感,他回到了自己儿时的家中,把自己锁在童年居住的卧室里。

在米兰达功成名就之前,为了磨炼创作技能,他与几个音乐伙伴一起组建了一个即兴小组,借此提升自己的创作能力。自2004年以来,他们会定期举办名为"自由潇洒之爱最大"的即兴音乐剧,根据观众的意见练习和演奏即兴嘻哈音乐。比如,某位观众可能会随机说出一个动词"哄骗",而另一位观众可能说出一个名词"冰箱"。乐队根据观众的建议,实时创作并表演一首说唱歌曲,并辅以口技的表演。米兰达的即兴乐队创造了完美的条件,也最终取得了历史性的成功。

达·芬奇为了提高自己的创造力，每天都要小憩 5 次。事实证明，这位"睡眠天才"的做法确实有一定的科学依据。萨拉·C. 梅德尼克（Sara C. Mednick）博士是美国加州大学河滨分校的心理学副教授，也是《午睡，改变你的生活！》（*Take a nap! Change Your Life*）一书的作者。她开展了一项调查，对受试者进行创造力测试。经过创造力测试之后，受试者被分成两组，一组受试者可以午睡，而另外一组受试者则不能午睡。当天晚些时候，研究人员再次对受试者进行了相同的创造力测试，借此衡量午睡对创造力产生的影响。梅德尼克博士的研究表明，受试者午睡后创造力测试得分提高了 40%，而没有午睡的受试者得分没有任何提高。

我们可能认为午睡是一种懒惰行为，但睡眠是一种可以带来巨大好处的条件。著名的艺术家达利每天小憩数次就是为了唤醒自己的创造性思维。为了确保自己不会睡太久，他养成了一种自己称为"钥匙睡眠法"的习惯。达利会坐在一张舒适的椅子上，手里握着一大串钥匙。当他迷迷糊糊地睡着以后，钥匙从指间滑落，哐当一声掉在金属板上，他立刻就会从睡梦中惊醒。达利在他 1948 年出版的《手艺出神入化的 50 个秘密》（*50 Secrets of Magic Craftsmanship*）一书中写道："如果你感觉自己必须休息一会儿才能恢复活力，那么一秒钟都不要多等。"

畅销书作家丹尼尔·平克（Daniel Pink）发明了一种高效的睡眠习惯，他亲切地称为"nappuccino"［nap（小睡）+ cappuccino（卡布奇诺）］，即喝杯咖啡后睡 20 分钟再起床。丹尼尔午后喝了一大杯咖啡，然后迅速戴上眼罩，躺下小憩片刻。他在睡前设置了 20 分钟后响起的闹钟，所以不用担心睡过头。当咖啡因开始影响他的身体时，闹钟就会响起，能够使他醒来后精力获得巨大的提升。有证据表明，人类理想的午睡时间为 18~22 分钟，丹尼尔的方法对他来说是一种有效的方式，可以让他恢复创造力并高效地度过下午时间。

创造力的最佳条件说到底是由个人喜好决定的。一些创作者喜欢在公共场所工作，在喧嚣的环境中汲取灵感；而有一些创作者则一定要独自在安静的环境中工作。有些艺术家的工作室非常凌乱，而有些艺术家则需要保持自己的工作环境整洁有序。

20 世纪最杰出的作家之一——伍尔夫习惯站着写作。作曲家斯特拉文斯基每天早上开始作曲前都要倒立 15 分钟。剧作家斯托帕德每天至少独自坐在书桌前 7 个小时，确保自己能以稳定的速度写作，很少有人能够效仿这样的写作方式。重点在于：用适合自己的方式设计自己的条件，能够为提升自己的创造力发挥关键作用。

重复

在雷迪·嘎嘎获得奥斯卡最佳原创歌曲奖之前，我曾经看过她表演的热门歌曲，她凭借完美表演震撼了现场的观众。从她的舞台技巧到声乐能力，你会感觉这位才华横溢的表演者对此驾轻就熟。

无论是百老汇还是商业领域，如果我们看到有人在自己的领域取得不俗表现时，他们都会呈现出一种驾轻就熟的感觉。但是，像雷迪·嘎嘎这样成功的人都是通过严格的培训才能走上巅峰。他们一步一个台阶，永远不会走捷径。

我们经常会觉得一个才华横溢的天才毫不费力地就取得了成功，这种憧憬就像是复活节的兔子，只是一种美好的期待，不具有实际意义。反之，正是乏味、重复的练习才能释放创造力的光彩。

2011年，雷迪·嘎嘎在采访中曾说："坦率地说，创作过程大约只需要15分钟，我能够在这15分钟里表达自己所有的创意。虽然我的思想和感受能够在15分钟里迸发出无尽的创意，但我需要花上几天、几个月甚至是几年的时间进行微调。"从这个角度看，如果雷迪·嘎嘎创作一首热门歌曲需要花上500小时，那么构思过程只占0.05%，她的大部分创作时间都花在了雕琢和完善自己的作品上。如果把她创作之前投入的数千小时练习计算在内的话，反差会更加明显。

平庸作品和传奇作品之间的区别就在于是否有改进的过程。

有人说，所有伟大作家的共同点就是，他们的初稿都不忍直视。决定一本书究竟是一本糟糕的书，还是一本好书或是一本畅销书，关键在于投入在改进阶段的时间。如果某位作家迅速将他的想法写到纸上，随即送去印刷，那么一定无法创作出自己最高水平的作品。相比之下，一位作家的代表作一定经历了乏味而艰苦地反复修改书稿的过程。

我们都知道，若想练出肌肉，必须在健身房重复地锻炼。当谈到创造力时，大多数人都会认为这是一种天赋，而不是后天塑造的技能。想要熟练掌握任何一种技能，唯一的方法就是重复练习。

人们常说，养成一个习惯需要 21 天。反过来说，我认为想要每一天都富有成效，需要养成 21 个习惯。当我们有意识地养成一些有助于我们实现目标的习惯时，这些习惯会共同发挥作用，帮助我们产出丰厚的成果。

日常练习与精彩表演是两个极端。日常练习虽然不是你的荣耀时刻，却是你为了赢得胜利必须完成的单调而乏味的任务。畅销书作家塞思·戈丁非常恰当地阐明了这一点："很多人在自己喜欢的事情上极富创造力，但只有当你不喜欢一件事情还依然能够坚持时，才会成为专业人士。"

我的创意习惯

虽然我认为自己是一名艺术家，但有些时候我感觉自己毫无创造力。和所有的艺术家一样，我的情绪也会起起伏伏。心情好的时候，我觉得自己就是传奇摇滚乐手米克·贾格尔；心情不好的时候，我觉得自己更像是 20 世纪 80 年代只会对口型的假唱乐队成员。有时我为自己的表演感到羞愧，有时又觉得自己像个冒名顶替的骗子。

我一直对自己抱有这样的怀疑，但习惯可以帮助我们恢复活力。我发现习惯不仅在我心情好的时候让我受益匪浅，也在困难时光起到了关键的作用。尽管每个人都应该制订属于自己的提升计划，但我在此向大家分享我的计划，希望能够提供一个参考范本。

就像之前提到的，每当我需要完成有意义的创造性工作时，制订"封闭日"计划就成为我的一个重要习惯。例如，这本书的大部分内容都是在我不受干扰的"封闭日"里写的。

除了写书、作曲或制订新的商业计划这样高强度的工作外，为了保持自己的想象力，我每天都会坚持完成一个简短的仪式。多年来，通过不断吸收他人的想法（输入），以及不断地尝试和试错，我已经调整并升级了这个小习惯。以下是升级后的仪式，并附上对各个步骤的介绍。

5 分钟创造力训练

1. 深呼吸（30 秒）

2. 一日三问（60 秒）

3. 疯狂输入（60 秒）

4. 创意健美操（60 秒）

5. 高能时刻（30 秒）

6. 呐喊（30 秒）

7. 深呼吸（30 秒）

以上是对 7 个步骤的概述，接下来让我们详细分析各个步骤。

深呼吸。顾名思义，这是一种快速的呼吸练习，让你保持理性、集中注意力。这是我借用顶级职业运动员的体能教练——杰森·塞尔克的概念。他曾在自己的《10 分钟韧性》（*10-Minute Toughness*）一书中分享了这个易于实施且非常有效的方法，即深呼吸 6 秒，屏住呼吸 2 秒，然后呼气 7 秒。杰森用这个方法帮助美国职业棒球大联盟的投手在高压的比赛中投出"无安打"[①]。

一日三问。我从尼尔·帕斯瑞查（之前提到的"封闭

[①] 无安打：整场棒球比赛中不让对手击出任何一支安打，这是投手的非凡成就。——编者注

日"的发明者）那里学到了这个方法。他开始一天的工作之前，会习惯性地先回答 30 个问题：今天我要感激什么？关注什么？放弃什么？我会下意识地快速回答这 30 个问题，想到什么，就说什么。我唯一的原则是，我不能在 30 天内重复同一个答案，所以我会关注更琐碎、更具体的事情。

疯狂输入。 我们已经承认输入是提高创造力的重要因素。在这个习惯中，我只是简单地用 60 秒的创造性输入来刺激我的思考。我经常听约翰·柯川（John Coltrane）粗犷的萨克斯乐或韦斯·蒙哥马利（Wes Montgomery）流畅的吉他乐。其他时候，我会随机阅读一篇自己对于主题一无所知的文章。我建议你根据自己的艺术灵感变换不同的输入内容，汲取你认知范围以外的东西。

创意健美操。 从小到大，我一直都非常喜欢一套名为《两分钟谜题》（*Two-Minute Mysteries*）的系列丛书。本书要求阅读完一段很短的文字（通常只有几段）后，必须解开其中的一个谜题。在日常习惯中，我常常强迫自己 60 秒内完成创造性思维（进攻型创新）或创造性地解决问题（防守型创新）。基本上，我会给自己一分钟的时间解开某个谜团。例如，"一支笔的 11 种非传统用途是什么"，或者"我如何向一个连牙刷都没见过的部落村庄推销牙膏"。把这些想象成你练习肌肉时所做的开合跳，通过练习保持自己的创造力水平。

高能时刻。 这个步骤同样改编自杰森·塞尔克。我在自己的脑海中创作了一段时长 30 秒的高能时刻，并在屏幕上播放。想象一下，你正在观赏一段自己最喜欢的运动片段，但并不是昨天的网球比赛片段，而是自己发挥出最佳水平时的片段。我会用 15 秒的时间回顾自己已经实现了哪些成就，剩下 15 秒的时间展望自己尚未完成的事情。欣赏我已经实现的成就、展望我未来期望完成的事情，两种画面共同在我的脑海中呈现出一幅极具感染力的图像，帮助我描绘出通往未来的最佳道路。这个步骤与我们第一章中介绍的创新可塑性直接相关，能够帮助你打开新的大脑路径，释放自己的潜能。

呐喊。纵观古代的战争传统，士兵们交战之前都会高喊一系列鼓舞人心的口号。就我而言，我会编辑一段简短的宣言，并大声朗读出来。朗读以下这段话能够帮助我进入理想的创作状态。这段话围绕两个角色——战士 / 艺术家，分别代表坚韧 / 想象力。

战士 / 艺术家

今天，是属于我的一天

今天，我将全力以赴

今天，我将做出正确的选择，而不是简单的选择

今天，我要学习、要进步

今天，我将用最高标准要求自己

今天，我将直面挑战，绝不退缩和拖延

今天，我将努力帮助他人成就最好的自己

今天，我将构思出大胆、具有创造性和非传统的想法

今天，我会支持我最关心的人

今天，我会有一些新的发现

今天，我将更加专注，实现更高的成就

今天，我将展现出耐心、同理心、勇气和韧性

今天，我会变得更坚强、更坚韧

今天，我将做出更切实际的成果

今天，我会让世界变得更美好

今天，我将采取行动

今天，我会成为战士／艺术家

深呼吸。在完成最后一个步骤深呼吸后，便开始应对自己的创造性挑战。每天5分钟的仪式可以帮助我消除消极情绪，集中注意力关注那些可能发生的事情。显然，你也应该试着养成自己的训练习惯。每天5分钟简单的日常流程，便能成功地激发你的创造力。

万事开头难，或许你最开始会感到不舒服。畅销书作家罗宾·夏玛（Robin Sharma）曾经这样说过："改变一开始都十分艰难，过程是混乱的，但最后的结果是让人欢喜的。"好消息是，只要你愿意不断地努力，就一定能够提升自己的创造性技能。

就像"Apeel Sciences"的技术可以防止水果和蔬菜腐烂一样,你的训练方案也能保护你的想象力不会萎缩。就像美味的牛油果一样,我们需要用强大的保护层来保护自己头脑中的创造能力。

为了将自己的创造力提升5%,最有效的方式就是模仿那些创造力超群的人所用的训练方法。我们需要培养能够提高创造力的习惯,最大限度地提升自己的能力。所以,我们需要精心设计一个培训计划,将输入、条件和重复等因素考虑在内,从而实现众多渺小而伟大的突破。

我们已经了解了创造力的原理以及日常创新的必要性,是时候领悟其中的原理并付诸行动了。

在本书后续的章节中,我们将探讨如何提升创造性技能,并将其应用到我们的生活和职业生涯中。我们将了解日常创新者的八大执念,帮助我们实现5%的创造力提升。此外,我们还将深入探讨创新工具箱,从中获得一些实用且高效地解锁新想法的策略。

我们将一起坐下来与世界各地各个行业的名家进行深入的探讨,从中了解颠覆制药、摩托车、婴儿护理和服装行业的企业家的故事。我们将与非营利组织的领导人进行交流,他们正在应对包括全球教育、女性赋权和监狱改革在内的巨大挑战。我们还将从乐高、宝洁、微软等跨国公司的故事中了解到实现创新的秘诀。我们会介绍一套系统化的方法,把你的创造力提升到新的高度。

你内心有一个金库,里面装满了超乎我们想象的宝藏。我们一起去破解通往这个金库的密码吧!

第二部分

PART 2

日常创新者的八大执念

各种类型、各种层次的创新者如何思考和行动？我们如何才能实现有意义的创造力升级，继而提升在职场和生活中的表现？我们应该如何提升自己的创造力并实现渺小而伟大的突破？

通过阅读第一部分的内容，我们已经打下了相应的基础。在第二部分，我们将了解日常创新者的八大执念，借此回答上述问题。以下八个关键的思维模式能够刺激我们的日常行为，提升创造力的产出，推动像你我这样的普通人取得伟大的成功。

（1）**爱上问题**。这意味着你需要花时间仔细审视并理解当下面临的挑战，而不是过早地确定相应的解决方案；还意味着你要重点关注问题能否得到解决，而不是关注解决问题的特定方式，并且为了找到解决问题的最佳方法始终保持灵活和开放的态度。

（2）**不要等到做好准备再开始**。日常创新者需要积极主动地开始行动，而不是等待许可、详细说明或理想条件都准备就绪再行动。日常创新者应该一边前进一边纠正错误，实时适应不断变化的环境，灵活应对。

（3）**开设实验厨房**。实验既能提升创新能力，又能降低风险。日常创新者能够通过实验测试和创造性探索的框架和条件，培养和优化自己的创意。

（4）**不破不立**。抛掉过去的"如果没坏，就不要修理它"的建议，日常创新者应主动解构、审视和重建，从而创造出卓越的产品、系统、流程和艺术作品。

（5）**打破常规**。比起显而易见的方法，日常创新者更喜欢意想不到的方法，他们通过寻找突破常规的想法来挑战传统智慧。为了实现更高的成就，他们喜欢搜寻古怪的想法，有时甚至是怪异的想法。

（6）**发挥所有潜能**。这是一种用更少的钱做更多事情的零碎方法。与我们的常规认知相反的是，资源受限反而有助于实现创造性突破。足智多谋和独创性是实现卓越创新的有力武器。

（7）**别忘了晚餐后的薄荷糖**。添加小的、创造性的装饰物可以显著地改善最终结果。额外的惊喜和喜悦有助于探索新发明，取得个人成就和竞争胜利。

（8）**永不言败**。虽然意识到挫折是不可避免的，但日常创新者会利用创造性的坚持来克服逆境。犯错是创新过程中不可避免且非常重要的一部分。日常创新者在接受和复盘自己犯下的错误后，可以将错误转化为优势。

接下来，我们将放眼世界，聆听那些失败者、梦想家、不合群的人和创新者的故事。通过解构非凡创新者的信念和策略,我们将揭开创造性才华的神秘面纱。

准备好了吗?让我们一起一探究竟吧。

第五章
爱上问题

查德·普莱斯（Chad Price）的挫败感越发强烈，感觉自己到了崩溃的边缘。他在破旧的塑料座椅上坐了近2个小时，腿都麻了，但名单上还有16个人排在他名字的前面。周围一群不耐烦的顾客在排队的过程中失去了耐心，难掩怒火，苍白的荧光灯刺得他眼泛泪光。无论是污浊的空气，还是复印机散发出的挥之不去的气味，他都只能选择忍受。

一想到机动车辆管理所（以下简称车管所），我们就会心生畏惧。车管所一直以来都被认为是客户服务体验最差的机构，甚至比不过廉价航空公司，所以我们大多数人宁愿做根管治疗也不愿去车管所受苦。

在这次痛苦的经历之后，没过几个月，查德得知他的家乡北卡罗来纳州决定将车管所的运营私有化。州政府将向敢于接受挑战、有意愿接管业务的新运营商支付少量的交易费用。尽管朋友们纷纷警告他，不看好他接手这项业务，但查德还是决心接手这个烂摊子，看看自己是否能做得更好。

单纯从经济利益的角度看，提高收益的问题似乎无法解决。从所处的地理区域，我们可以推测出服务的客户数量相对固定。主流的观点认为要尽可能地降低成本，但服务费用是州政府规定的，所以不可能通过提供更好的服务体验来提高服务的价格。

在充分了解了成本后，查德决定突破创意的界限。他抛开了所有的限制条件，想象出一种完全不受限制的理想状态下的车管所体验。如果这种体验可以媲美高端酒店，甚至可以与主题公园相提并论，会怎么样？他一边想着，一边对自己说，如果他能去理想中的车管所，即便途中会路过其他车管所，那他也愿意多开几千米的路程。查德想："如果其他人也这样做会怎么样？或者说……如果市场规模根本不是固定的，又会如何？"

他非常执着于车管所的体验问题，所以当他在北卡罗来纳州的霍利斯普林斯开设了自己的车管所时，查德决定颠覆人们对于车管所的认识。真正让他的车管所脱颖而出的，并不是某一个特殊的做法，而是一系列渺小而伟大的突破，将客户体验提升到超凡脱俗的境界。

当你第一次走进这家车管所，你甚至会怀疑自己走错了地方，因为查德运营的车管所完全打破了你的预期。新鲜出炉的纸杯蛋糕和法式压滤咖啡的香味扑鼻而来，映入眼帘的是五颜六色的鲜花和醒目的地毯。紧接着，你会看到车管所内设置了一个配有玩具的儿童游乐区，里面有一小群孩子在角落里愉快地玩耍。训练有素的工作人员绝不会躲在柜台玻璃后面，而是用温暖的微笑欢迎你的到来。随后，你只需要在平板电脑上完成简便的签到手续，就可以坐在舒适的皮椅上放松休息，阅读各种最新且毫无褶皱的杂志。

查德向我解释说："有的客户开车一个多小时才能到达我们这里。我们还会反问自己，我们是否可以吸引其他县域的客户？我们能否大幅提升客户的服务体验，以至于客户会开车路过两三个车管所，来我们这里办业务？"查德非常兴奋地分享着他的故事，你会感觉仿佛在与"能量兔子"交谈。

查德摒弃了当下盛行的观念，创办了一家与众不同的车管所。顾客开始在网上发布自拍照，即使有时候不需要更新自己的车牌标贴，也会进车管所喝一杯美味的奶昔。虽然查德无法提高服务的价格，但他坚信更好的服务体验可以增加客户的数量。你以为他的客户数量只是提高了3%？不，客户数量惊人地提高了1000%。

如今，查德接手的霍利斯普林斯车管所的交易量几乎是该州其他地区的2倍，创造了比同行更高的利润。即使处于这样高度监管的运营环境中，查德的创造力也带来了很好的结果。

我们经常认为，杰出的创造者必须要有一个灵光乍现的时刻。但就像查德一样，优秀的创新者会在发现解决问题的新方法之前，首先会"爱上"自己将要解决的问题。

财捷集团的创始人兼前任首席执行官斯科特·库克（Scott Cook）等传奇人物都曾引用过"爱上问题，而不是解决方案"这样的名言。他们都认为，发明的关键是问题，而不是某个具体的解决方案。最有创造力人的不会拘泥于某个固定的答案，而是沉迷于自己想要解决的问题的同时保持灵活性。简而言之，你花在研究问题上的时间越多，制订出的解决方案就越有创新性。

一直以来，我们总是被教导要专注于解决问题，着眼于过去的问题，表现出坚定不移的乐观态度。但事实上，我们只有摘下了有色眼镜，对问题本身进行深入研究后，才能发现解决问题的新方法。

查德面临的问题并不只是车管所的经营，他还需要独自负责照顾37岁的妹妹。他的妹妹身体欠佳，在照顾妹妹的过程中，他发现了医疗行业的诸多问题。查德告诉我："因为我的妹妹现在和我生活在一起，所以我必须要带她去赴诊。到达医院后，我们需要等待一段时间；走进某个诊室后，还需要再等待一段时间；之后进入另一个房间，等待检查。等待的时间过于漫长，我感觉医院的服务太糟糕了。几天后，我接到一个电话，说血液检查操作有误，我们必须再次回到医院重新做血液检查。这让我想起了车管所的经历。"

查德一向是问题的"完美情人",他决定进一步调查。调查结果显示,美国价值200亿美元的实验室检测行业由两家巨头公司主导,分别是美国实验室和奎斯特诊断。这两家公司几十年来一直牢牢控制着该领域。查德想知道,是否能利用自己改造车管所业务时发挥的创新精神来对付这些行业巨头。

进军医学实验室检测市场看上去似乎是一次愚蠢的豪赌。查德没有从事医疗行业的经验,也没有接受过实验室培训,更没有资金。他的对手是行业的两家巨头公司,这两家公司有无限的资源可以捍卫自己的地盘,所以进军医疗行业就像鸡蛋碰石头一样自不量力。查德意识到自己和他们的实力相去甚远,所以他首先将目光锁定在自己试图解决的问题上,而不是盲目地投入战斗。

查德和他的好友乔舒亚·埃伦特(Joshua Arant)(后来成为公司的联合创始人)开着一辆面包车,开始了他们的公路之旅。这次旅行持续了3个月,两个人开车到全国各地,亲身体验了医学检测行业的诸多问题。他们到访了多家检测诊所,在候诊室与沮丧的患者交谈。他们用汉堡和薯条讨好实验室技术人员,听到了一些效率低下和士气低落的故事。在被许多医生赶出办公室后,他们说服了一些医生分享他们在实验室检验中遇到的问题,涵盖了时间延迟、结果不准确、成本超支等方面。

经过数月的沉淀,查德和埃伦特从各个可能的角度对行业问题进行了研究,两人才决定创办自己的实验室检测公司。查德笑着告诉我:"这个行业已经有两条鲸鱼了,但如果他们是鲸鱼,那我们就是鲨鱼。"为了坚定自己鲨鱼般的态度,查德给公司取名为马可(MaKo)医疗器械,"Mako"在英文中有鲸鲨之意,寓意为"是时候成为掠食者了"。

查德对当下医学检测行业的问题进行了仔细的分析,由此产生了一系列"渺小而伟大的突破"。他进一步解释说:"我们列出了竞争对手所做的所有事情。但我们希望挑战自己,反其道行之。"

行业规范是7天的检测周期,所以"马可医疗"想办法在24小时内完成检测。行业内传统的做法是把运输和物流外包出去,但"马可医疗"投资组建了一支车队,每辆车的车顶上都挂着一个鲨鱼鳍的标志。躺平的巨头公司用标准化的方式向病人反馈检测结果,但"马可医疗"为每个客户定制自己的检验报告。

查德告诉我:"巨头公司的销售人员穿西装、打领带,所以我们决定团队的所有成员都穿着外科手术服。不论是什么岗位,不管你是首席执行官还是清洁工,所有人都要穿外科手术服。竞争对手是上市公司,而我们只是小微公司。他们用利润回馈股东,所以我们的目标是回馈当地的慈善机构、退伍军人和秉承某种信仰的非营利组织。"

查德解释说:"我们挑选了一些慈善机构,承诺为这些组织提供资金。因此,当我们遇到困难时,这些组织也会为我们的事业提供资金支持。我们这么做从来不是为了赚钱去买大房子或豪车。事实上,我们只是想做些事情帮助盲人或残疾人。"

正如你所预料的那样,经营一家市值数十亿美元的公司并不容易。起初,查德的公司为了维持生计而苦苦挣扎。查德回忆说:"很多时候,我们都会连续工作 20 个小时,一直加班到深夜。有些时候,我们甚至没有时间睡觉。我们每天都在工作,把每一天当作身处这个行业的最后一天。第一年,非常艰难;第二年,更加艰难。我们每周工作 7 天,没有一分钱工资。直到第三年,公司才真正赢得了市场的认可。也就是在这个时候,一切才开始好转。"

公司的业务量确实有了很大的提升。到 2017 年,也就是公司成立 3 年后,"马可医疗"的收入就达到了 9200 万美元。2018 年,公司的收入增长到 1.25 亿美元。如果 34 岁的查德继续掌舵,预计到 2020 年,公司的收入将突破 2 亿美元。

先是车管所业务,后是医疗检测实验室,查德连续创办了两家非常成功的企业。值得我们深入研究的是,他成功的关键究竟是什么。或许正如你所料的那样,善于发现问题的他才刚刚踏上自己的成功之路。

查德皱着眉头向我坦言近期令他感到沮丧的事:"身处医

疗行业，我每天都会收到无力支付药费的患者写来的信。为什么患者只有去加拿大才能买到负担得起的药物？"

"一个心脏病专家给我讲了一个临终关怀病人的故事，听完后我处于崩溃的边缘。如果你了解临终关怀，你就会知道，一个人一旦开始进入濒临死亡的阶段，临终关怀公司照顾这个病人的收入是一天200美元。这些患者中有很多都在服药，但由于药物成本太高，临终关怀公司无法继续为他们提供治疗。因此，许多垂死的患者无法服用急需的药物。随后，这些患者开始出现其他并发症，病人觉得自己快要淹死了，他们的肺开始积水。即使他们知道自己快要死了，并且也住在临终关怀医院，但由于高昂的药物成本，他们依然随时面临死亡威胁。"

他接着说："后来，我发现生产这些药物的成本只有几美分。于是，我对自己说，'我要打破这个怪象，我要和美国最大的制药公司正面交锋'。我发现在美国，如果去掉不必要的溢价，成千上万种药物只需花一分钱就能买到。所以，对于那些处于临终关怀阶段的病人，我可以用每周不到一美元的价格向他们出售所需的药物。"

因为对自己的糟糕经历感到十分沮丧，查德创办了车管所，继而又涉足实验室检测领域。如今，在他深入了解了制药行业的核心问题后，又开始涉足制药行业。2020年年初，查德成立了新公司：马可处方（Mako Rx）。"我最开始不打算从事制药行业和实验室检测行业。坦率地说,我可以想到10件更愿意做的事情,做这些事情也会更令我兴奋。但车管所服务、实验室检测、制药成本等问题都是实际的社会问题,如果你能解决这些问题,那就会影响到数百万人。"

当查德因为自己的遭遇而感到愤怒时,他会把挫败感转化为行动,因为他相信自己可以改变当下的境遇。日常创新者总是在寻找问题,他们会被那些他们认为可以解决的问题所吸引。

在我之前创作的《黑客创新:来自邪恶黑客世界的新增长模式》(*Hacking Innovation: The New Growth Model from the Sinister World of Hackers*)一书中,我讲述了那些臭名昭著但极富创造力的网络犯罪团伙都秉承着同一种核心理念:无论一个安全系统看起来多么难以攻破,黑客们都坚持认为每一道屏障都能被攻破。正是这种信念使他们有勇气尝试最困难的冒险。

无论风险或成功概率如何,查德都对他认为自己可以解决的问题产生浓厚的兴趣。经过仔细研究这些问题,他总能发现其中的弱点。正如玛丽·弗里奥(Marie Forleo)的畅销书:《所有问题都是可以解决的》(*Everything is Figureoutable*)所说的那样。

除了相信所有问题都是可以解决的,他的同理心也帮他有了新的突破。《消费者研究杂志》上发表的一项最新的研究证明：在创新方面，感知他人感受和情绪的能力是一项极为重要的优势。

康涅狄格大学的营销学教授凯丽·赫德（Kelly Herd）和伊利诺伊大学的拉维·梅塔（Ravi Mehta）一直致力于研究同理心对创造力的影响。在一项200多名成年人参与的研究中，受试者被要求为孕妇设计一款新口味的薯片。其中一半的受试者被要求用逻辑和认知技能设计自己的产品，而另一半受试者则被要求利用同理心主导设计的过程。同理心组被要求闭眼30秒，想象这些女性在怀孕期间正在经历什么，她们吃零食的时候会有哪些感受。

研究团队聘请了专家小组来评判这些创意，结果发现共情组的表现大大超过了逻辑组。30秒简单的共情练习，使受试者们设计出诸如"咸菜冰激凌"之类的创意口味，这或许正是准妈妈们想吃的薯片。因为女性在怀孕期间被禁止食用生鱼和酒精，所以类似"芥末寿司"之类的口味成为脱颖而出的创意设计。

赫德教授指出："很多人都被告知要保持高度的客观。比如，'你是专业人士，你必须客观地考虑这个问题。不要掺杂个人的情绪'。但我们发现，共情的过程实际上会产生更多的创造力。"

赫德继续说道："我们已经证明，同理心可以改变人的思维方式。我们在产品设计这样的狭义背景下对其进行了研究，得出了较为微妙的结果——总体上，诸如理解别人的感受这样的做法，会对一个人的创造力产生巨大影响。"她总结道："激发同理心在最大限度地发挥创造力方面具有一定的内在价值。"

每一项成功的创新（不论大小）都蕴含着一个等待被解决的问题。查德的例子告诉我们，我们必须研究和探索每一个问题，才能找到最有效的解决方案。是什么上游活动首先导致了问题的出现？如果解决了现有的问题，可能会出现哪些新问题？如果明天就能彻底解决这个问题，谁会受到最大的影响？

为了解决问题，沉浸其中

艾派迪（Expedia）公司客户服务团队负责人瑞恩·奥尼尔（Ryan O'Neill）非常震惊地了解到，58%的客户在预订行程后会致电帮助中心。但我们要知道，艾派迪是一个自助的数字化平台。客户服务团队过度关注如何缩短通话时间，以至于他们从未思考过如何使客户不再致电咨询。为了改善现状，瑞恩召集了一支由公司不同部门的人组成的团队，并单独找了一间会议室，让大家沉浸在这个问题当中。

他们首先想要查明客户致电咨询的主要原因，于是收集了相关的数据并采访了客户和客服中心的工作人员。通过广泛的调查，他们发现客户打电话给公司的首要原因是向客服索要自己的行程单。仅在 2012 年一年，就有超过 2000 万个电话是表达此项诉求。艾派迪公司接听一个电话的成本约为 5 美元，因此该团队每年花费在这个问题上的成本高达 1 亿美元。

乍一看，行程单的问题并不成立，因为艾派迪公司已经通过电子邮件自动向客户发送了详细的行程单。但是，既然已经通过电子邮件向客户发送了行程单，为什么客户还要致电咨询呢？研究小组发现，有的客户在预订的过程中输入了错误的邮箱地址。还有一种情况是，公司发送的行程单邮件会被归入垃圾邮件，之后被客户意外删除。

团队花费了大量时间查明原因后，才终于找到了解决此问题的方案。首先，该公司在网站上添加了一个非常显眼的按钮，帮助客户轻松检索详细的行程单。其次，呼叫中心的录音中有一个简单的提示："如需再次发送您的行程单，请按'2'。"团队实施了这项简单的修复措施后，呼叫中心的通话数量从 58% 直接下降到 15%，为公司节省了数百万美元，同时也提高了客户满意度。

为了了解调查问题的最佳方法，我采访了美国联邦调查局（FBI）的反恐专家兼高级特工杰克·鲍尔（Jack Bauer）。当然，杰克·鲍尔不是他的真名。联邦调查局的人不太喜欢在书中出现探员的真实姓名，所以我给他起了一个化名。

我了解到，有效的调查第一步就是抵制过早下结论的邪恶诱惑。特工鲍尔坚定地告诉我："过早下结论是新手探员常犯的错误之一。如果你只是认为某个人明显看起来像嫌疑人，并不意味着他就是凶手。归根结底，你要学会辨别你认为发生的事情和你了解到的真实发生的事情。"

美国联邦调查局的调查过程非常严谨，所以调查的成功率非常高。2019年，90%的联邦犯罪嫌疑人在审判前认罪，因为他们发现证据对自己不利，自己别无选择。在所有真正接受审判的被告当中，只有不到1%的人以无罪释放的结果赢得了辩护。

为了达到如此惊人的成功率，联邦调查局会花时间研究犯罪行为并收集犯罪事实，然后才进行逮捕。每项调查都从评估阶段开始，团队在评估阶段详细列举出自己知道哪些情况、不知道哪些情况。调查人员首先会调查案件的基本情况，询问基本问题，例如，"发生了什么"和"我们目前已经掌握了哪些信息"。

在初步评估之后，就会进入调查阶段，这一阶段涉及证据的收集等。在犯罪现场调查过程中，优秀的法医调查员会从各个角度检查现场的情况，包括子弹壳、血迹或破损的窗户等。联邦调查局的调查团队会记录现场的情况，并用照片、图表和视频等记录调查结果。床头柜上的指纹、淋浴间的毛囊、后门廊上的足印，都会被列入证据当中。

有效的侦查工作还需要发现缺少了哪些信息或不合常理的地方。如果前门没有被破坏,则表明凶手或许和被害者非常熟悉;如果车库是空的,调查人员可能会认为凶手是驾车逃跑的;如果罪犯在抢劫过程中出了差错,为什么受害者的黄金和钻石手表还在卧室的梳妆台上?

特工鲍尔解释说:"这个阶段的关键问题在于确定缺少了哪些信息,然后制订出挖掘这些信息的计划。"这时候,调查小组可能会检查被害人的通话记录和银行对账单,或者对嫌疑人进行监视。通过研究犯罪活动以及不断地提出问题,调查人员才能发现更多的线索,形成证据的主体。

在物证收集完毕后,调查人员会在该地区搜寻证人。受害人有男朋友吗?她体内的药物是谁提供的?她是否欠赌债?随着对证人以及有关人员的审问,调查人员又会发现新的案情,有助于填补物证的空白。

只有在收集了所有物证和目击者的证词之后,调查才会进入下一环节,即把所有的琐碎证据拼凑在一起并形成结论。想想看,有多少电视剧里的谋杀悬案之所以能够破案,都是因为推翻了嫌疑人的不在场证明,并且案件中的新线索又引出了一个意想不到的犯罪团伙。案件的真相不是靠直觉发现的,而是通过执行严格的程序,研究了所有事实之后才能得出结论。

《白额闪电》(*The Adventure of the Silver Blaze*)是作家柯

南·道尔最受欢迎的故事之一。主人公福尔摩斯在调查一匹珍贵的赛马被盗案时,其他密切关注此案的人很快得出结论:一定是一个陌生人偷了这匹马。然而,在与一位马夫的交谈中,福尔摩斯发现了新的线索,这位才华横溢的侦探以令人惊讶的方式破获了此案。刚开始与马夫交谈时,住在谷仓里的大狗正在角落里安静地休息。福尔摩斯要求马夫描述盗窃案当晚发生的所有情况,但该男子坚称这只狗当晚没有叫过一声。

福尔摩斯认为:"我已经明白了为什么这只狗没有叫,因为一个真实的推论总是会暗示其他的推论——午夜的访客是狗熟悉的人。"最终,福尔摩斯推断出,罪犯根本不是陌生人,而是驯马师。福尔摩斯在得出结论之前仔细研究了线索,从而确定并逮捕了罪犯。

在收集了案件的所有证据后,经验丰富的调查人员会在出庭前会仔细检验自己的证据及结论。特工鲍尔解释说:"我们咨询了检察官、律师和专家,了解我们还需要填补哪些漏洞才能使案件无懈可击。我们的定罪率如此之高是因为调查过程非常严谨。如果我们只是凭直觉办案,那成功率可能就像是抛硬币。"

尽管高度强调事实,但成功的调查仍需要发挥创造力。特工鲍尔指出:"解决问题是我的工作。好奇心和创造力是在执法过程中成功破案的重要品质之一。收集证据只是工作的一小部分。这一过程要求我们阐释信息,寻找创造性的方法来收集证据,并将证据串联在一起。"

优秀的调查人员会关注犯罪活动的每一个细节,在犯罪者入狱之前他们都不会放松。换句话说,他们沉迷于问题。

调整努力的方向

美国监狱系统关押了230万名囚犯,所以使监狱系统面临巨大的压力。释放的重犯很快会再次犯罪,再次被关押进监狱,这似乎变成了一个永无止境的循环,而纳税人每年要为此花费超过800亿美元。尽管95%的囚犯在服完刑期后会重新回归社会,但从累犯率来看,情况并不乐观。根据2018年美国司法部的一项研究,83%的犯人出狱后不到9个月就会再次被捕。这些迹象清楚地表明监狱系统没有发挥应有的作用。

著名的私募股权投资者凯瑟琳·霍克(Catherine Hoke)似乎不是解决监狱系统问题的最佳人选。她甚至从未到访过监狱,多年来一直在硅谷聆听渴望获得投资的企业家推销自己的商业理念。虽然她非常清楚如何经营和发展一家成功的公司,但她从没有考虑过在监狱中生存需要付出什么。

为了回馈社区,她开始在业余时间进入当地的监狱做志愿者。不久之后,她意识到了问题的严重性,于是开始花更多的时间在监狱帮助囚犯获释后得到更多的机会。她沉浸在这个未知的世界中，更好地理解这些错综复杂又相互关联的问题。她开始像一个优秀的侦探一样，收集证据，调查情况。她采访了监狱长、惩教人员、警察和囚犯，试图全面地了解这些问题。

令她惊讶的是，坐在被定罪的重刑犯对面的感觉，非常像与初创公司的高管交谈。二者有许多共同的特点——有勇气、坚韧、有远见和有领导力。如果囚犯可以调整自己努力的方向从事合法的工作，会怎么样呢？如果重新利用囚犯领导犯罪集团的技能，又会如何？眼前这位穿着橙色囚服，坐在冰冷的金属椅子上的囚徒，或许会成为下一位伟大的创业领袖。

凯瑟琳越是深入地了解情况，就越想推动这场迫切需要的变革。许多犯人出身贫寒，他们的父母，有的甚至是祖父母就已经参与犯罪活动。我们常说第二次机会，但大多数犯人甚至从未获得过合法的第一次机会。尽管大多数再次入狱的人希望出狱后过上合法的生活，但他们机会渺茫。只有15%的人在服刑结束后的一年内能找到工作，这是导致高累犯率的最大原因之一。这些人别无选择，最终只能再次走上犯罪的道路。

凯瑟琳非常确信，自己可以为有前科的罪犯带来积极的改变，就像查德相信他可以在医疗行业有所建树一样。经过数月的认真研究和规划，她于2004年创立了"监狱创业者计划"。凯瑟琳搬到休斯敦，与得克萨斯州刑事司法部合作实施她的培训和改造计划。她和团队开始教囚犯如何改变自己的方向，那就是把自己想象成企业家而不是罪犯。

随着对犯罪、贫困和监狱生活的细微差别有了更深入的了解后，她会持续改进自己的方法。在接下来的5年里，有500名囚犯完成了她的项目，其中60%的人在获释后开始创业。令人难以置信的是，修完其课程的毕业生，累犯率下降到10%，这是一个创纪录的数字。得克萨斯州州长里克·佩里（Rick Perry）和布什总统都为凯瑟琳颁奖，表彰她的贡献和影响力。

奋勇一搏

卡里·斯威尼（Khali Sweeney）在美国底特律暴力和犯罪猖獗的地区长大。他的童年极为不幸，一出生就被父母遗弃，辗转于一个又一个寄养家庭。就像凯瑟琳帮助过的许多犯人一样，卡里的成长经历也充满了贫困、学业不理想和犯罪。由于没有什么选择，他上完六年级就辍学了，加入了底特律的一个街头帮派。到16岁时，他已经受过了枪伤和刺伤。

在20岁时，一位朋友不经意间说了一句"我们认识的人不是死了就是进了监狱"。这句话给卡里敲响了警钟，也改变了他的生活。那一刻，他决定为自己的未来负责，让自己和年幼的儿子过上合法的生活。由于没有受过正规教育，也没有市场需要的技能，他接受了能找到的所有体力工作来改变自己的生活。经过整整10年的努力和牺牲，卡里成为一位负责任的纳税公民。

卡里原本很可能会像周围的许多人一样，被关进监狱或搬进停尸房。现在他已经改过自新，想要帮助其他问题少年改变他们的生活，但一个没有资源、没有受过教育、无人支持的人又该如何帮助城市里的年轻人呢？

回想自己的处境，卡里在参与当地的一个青少年项目时曾学过一段时间的拳击，他觉得那段时间给了他改变生活所需的内在力量和自控力。鉴于自己的亲身经历，卡里在他长大的那个破旧社区里，开办了一家拳击馆。

拳击馆的外观不同于其他拳击馆。乍一看你以为这是一家拳击馆，而实际上它是一个致力于帮助问题少年走上正轨的非营利组织。拳击只是让孩子们进门的诱饵，他们需要跟老师完成1~2个小时的学习后，才能去拳击场上练习拳击。拳击馆开办之初，无人问津。而现在，这些孩子每周会花6天时间在拳击馆里读书、写字、学习数学等。在参与这个项目之前，有些孩子从未听过"我相信你"或"你可以选择你想要过的生活"这样的话。

随着拳击馆的口碑传播开来，卡里又面临着新的挑战。这座破旧的建筑无法容纳等待名单上的数百名孩子。为了解决这个问题，卡里联系了企业和慈善捐助者，最终获得了一些资助，得以借此扩大规模。大多数学生没有可靠的交通工具，所以这些孩子如何去拳击馆是另一个需要解决的问题。夏天走一两千米并不是什么大不了的事，但一月下雪的时候，在底特律步行就非常困难。为了解决这个问题，卡里说服底特律的汽车公司为其捐赠几辆汽车。如今，拳击馆每天下午都安排一队面包车进入社区，为学生提供安全和免费的交通服务。

2012年我们第一次见面时，卡里告诉我："每个孩子都应该有一次奋斗的机会。"因为他自己也经历过贫困和教育失败的问题，但他相信自己可以有所作为，所以他采取了一种创造性的方法，最终取得了成功。虽然他的拳击馆方圆3千米内，高中毕业率仍然是全国最低的，但参加卡里项目的孩子们的毕业率是100%！参加该项目的学生，高中毕业率连续10年都是100%！

2017年，美国有线电视新闻网（CNN）授予卡里"CNN十大英雄之一"的荣誉称号，使得人们越发关注他在底特律取得的令人难以置信的成就。如今，卡里仍然在当地工作和生活，他选择继续沉浸在他努力想要解决的问题当中。

既然我们已经清楚地了解了如何才能实现或大或小的突

破，在第六章中我们将继续分析日常创新者的另一个执念。让我们一起来看看"不要等到做好准备再开始"这条原则是如何对我们产生巨大影响的。

第六章
不要等到做好准备再开始

火箭发动机发出的噪声震耳欲聋,周围热切的群众惊讶地看着。滚滚浓烟开始从发射台上冒出,地面像老式闹钟一样不停地颤动。"3、2、1……发射,飞向浩瀚无垠的宇宙!"

从技术上讲,这是美国航空航天局2008年的STS-124载人航天飞行任务。但对于全球数百万迪士尼粉丝来说,那是"巴斯光年"(迪士尼公司动画《玩具总动员》中的角色)真正进入太空的时刻。这个1英尺(约30厘米)长的人偶加入了航天飞机机组人员的行列,向国际空间站进发,进行为期15个月的宇宙探索任务。

虽然将"巴斯光年"发射到太空,但邓肯·沃德尔(Duncan Wardle)并没有想清楚如何将这只玩偶带回家。邓肯当时是迪士尼创新部门的负责人,他说服美国航空航天局允许玩偶作为"偷渡者"乘坐航天飞机,但当时没有制订重返地球的计划。邓肯向我解释了后续发生的事情。

"我不知道如何把它带回家,所以我打电话给美国航空航天局的负责人。我问他，什么时候把'巴斯光年'带回地球？"电话的那头一片沉默。沉默了一段时间后，他告诉我，合同中从来没说要把它带回地球，他们计划在返回地球之前把"巴斯光年"连同其他不必要的物品一起丢弃在太空中。但我不能让这种情况发生，所以我威胁要向国际媒体披露美国航空航天局在地球大气层中丢弃物品的消息。

阿波罗 11 号月球漫步者巴兹·奥尔德林（Buzz Aldrin）等名人参加了在奥兰多的迪士尼乐园举行的欢迎"巴斯光年"回家的纸带游行活动。几个月后，这尊玩偶被珍藏在位于华盛顿特区的史密森尼国家航空航天博物馆内，并为此举办了一场众星云集的庆祝活动。

在世界上最具创新能力的公司之一担任创新部门领导的邓肯，充分体现了日常创新者的第二个执念：不要等到做好准备再开始。邓肯指出："在迪士尼工作的 30 年里，我一直追求那些不知道自己能否完成的事情。我没和菲尔普斯商量就在纽约缅因街建了一个游泳池，供他在这里游泳。还没与美国国家橄榄球联盟的任何人接触，我就设计了一场超级碗中场秀。"

像邓肯这样的创新者不会等待许可或指示。他们绝不会等到万事俱备时再行动，而是立即采取行动，在前进的道路上解决未知的问题。他们认为最好在制订详细计划之前就主动开始行动，依靠自己的能力一边行动一边纠正前进的方向。无论是伟大的创新者还是日常创新者，最有效的做法就是在做好准备之前就开始行动。

第二章中提到的穿西装、打领带的首席执行官马特·伊什比亚解释了其中的逻辑："大多数人认为，'我想要把一件事做好，必须三思而后行'。假设他们花了 6 个月的时间准备，而你立刻行动。在那 6 个月里，你可能有 40 个不同的周期。即便前几次尝试并不是那么理想，但你一直在调整。6 个月后，你已经领先于刚刚开始的那些人，并且是遥遥领先。我告诉我的员工要立刻开始行动，行动过程中再弄清楚如何行动。"

300 万美元还是 1 分钱

如果可以选择，你宁愿现在收到 300 万美元，还是愿意收到 1 分钱，这 1 分钱会在未来的 30 天内每天翻一倍？研究人员无数次在研究中提出这个问题，参与者无一例外都选择 300 万美元。那么让我们看看你接下来会错过什么。

1 分钱每天翻倍，看起来缓慢又微不足道。1 周后，也只有 64 美分。3 周后再次查看余额时，你可能依旧会因为做出这样的选择而自责，因为你只收到了 10485.76 美元。但是，随着游戏时间的推移，复利开始对你有利。第 28 天时，你手头的资产已超过 130 万美元。第 30 天时，你瞪大了眼睛，惊讶地发现自己的余额有 5368709.12 美元。

假设你一开始就有一个绝妙的想法，并且愿意等待更长的时间。与其等到第 10 天获得一个好 100 倍的想法，不如等待 15 天后获得一个好 10000 倍的想法。即使有一个好 10000 倍的起点，等待也会削弱这些想法的价值。到了第 30 天，这个想法最多只值 3276800 美元，比立即采取行动少了 200 多万美元。如果是 2 周后再采取行动，虽然起点是一个好 10000 倍的想法，但想法的最终价值反而比立即开始行动少了 39%。这种现象就是所谓的创新复利。所以，最好的做法就是快速开始行动并随时调整，而不是等到所有条件都成熟后再行动。请记住，即便是一个价值一分钱的起点，但如果能快速实现一次渺小而伟大的突破，那就能获得成倍的增长。

行动后再三思

当 2015 年尼泊尔发生灾难性地震时，马洛里·布朗（Mallory Brown）不得不彻底做出改变。这场 7.8 级地震造成了毁灭性的灾难，造成近 9000 人死亡，使尼泊尔本已摇摇欲坠的经济彻底陷入瘫痪。与地震引发的巨大灾难相比，马洛里想帮助偏远村庄通电的计划看似遥遥无期了。但马洛里没有从头开始，没有重新制订计划，也没有浪费宝贵的时间，

第六章 | 不要等到做好准备再开始

而是登上了之前预订的飞往尼泊尔首都加德满都的航班,迅速奔向了浩劫后的混乱局面。

几年前,马洛里并未打算将人道主义工作作为自己的事业。她在大学主修的是商科,从未料想过自己愉快地过完大学生活后不到10年的时间,会冲进尼泊尔的地震灾区。但在异国他乡的一次意外受伤的经历彻底改变了她的事业轨迹,也因此帮助了世界各地成千上万的人。

刚开始和马洛里交流时,她就告诉我:"我大学毕业那会儿,参加了一次背包旅行,当时纯粹是为了好玩。我在印度尼西亚时,从自行车上摔了下来,脸直接摔在了地上。我的下巴破了,需要缝针。这场事故让我结束了休假模式,回归到现实生活。医生告诉我存在感染的风险,所以让我每隔一天去诊所复查一次。在此过程中,我了解了当地人的医疗水平和贫穷百姓生活的真实现状。"

当她的朋友们在阳光下浮潜和嬉戏时,马洛里在当地的村庄里闲逛。她吃着当地的食物,切身感受着异国的文化。她喜欢在学习和探索的过程中感受当地的风土民情。

印度尼西亚农村的夏天酷热难耐,她的下巴本身就缝合得不好,经太阳一晒竟然肿了起来,这让马洛里彻底顿悟了。她一边告诉自己,"我找到了自己一生想要从事的事业",一边强忍着笑意,不让自己脏兮兮的脸上露出笑容。马洛里骑着自行车穿梭在当地的市场中,伴随着刺鼻香料气味加上破旧自行车颠簸时发出的噪声，马洛里决定将自己毕生的职业方向转换到非营利组织，即追求人道主义进步而不是物质利润。关键是，她爱上了这个问题。带着对当下挑战的极大热情，马洛里还没准备好就已经开始行动了。

马洛里接着说："我开始到非常贫困的地方旅行，一到这些地方就有一种强烈的被需要的感觉。我看到的房子都是觉得自己根本不可能会住在里面的房子。我第一次看到有人用头顶着水，和我在《国家地理》上看到的场景截然不同……我看到一个人努力地把一个非常脏且重的容器顶在头上，给人一种很残忍的感觉。我很快发现这里有无穷无尽的问题需要解决。当地人需要上学、医疗保健、干净的水、交通工具和住房。"

还未精心制订未来5年的计划，马洛里就决定投身其中。她想知道怎样才能对最多人产生最大的影响。她之前有过业余电影制作方面的经历，于是决定将制作和分享视频作为自己行动计划的一部分。吸引大量的人为世界各地的慈善事业捐款是一项艰巨的任务，但当马洛里用影片使观众置身其中时，一切都改变了。"当你观看一部电影时，你可以身临其境般地观察和感受人物的故事。伴随着电影所传达的音乐和情感，会让你觉得自己身在其中，觉得有必要去帮助影片中的人物。"这种创造性的方法很快成为她标志性的筹款方式。当这个方法应用于每一个额外的渺小而伟大的突破之上时，创新的复利就开始产生红利。

拉斯维加斯大道下方有一条啮齿动物出没的隧道,这条隧道也恰恰体现了马洛里的创意策略。马洛里告诉我:"有几百人住在这些隧道里,就像是现实版的忍者神龟。这里既没有电,也没有自来水,着实呈现了一种非常艰难的生活状况。我认识了其中一个住在隧道里的人,他已经有20年无家可归了,我决定试着帮助他。我筹了些钱给他买了一些基本的生活用品。他的嘴里只剩下4颗牙齿,所以我又带他去换了假牙。"

"我问他,如果他能拥有世界上的任何东西,那他想要什么。他告诉我,他只想在死前抱抱他的孩子。我浑身起了鸡皮疙瘩,感到非常震惊。我以为他会说,'我想要一栋房子''我想感受一下,当一天富人是什么感觉',或者其他一些肤浅的东西。"这位男士不知道他的孩子住在哪里,也不知道如何联系到他们,因此马洛里把他的故事拍成了电影发布到网上。马洛里接着说:"他的女儿在几天内就联系了我,告诉我说,'我觉得你视频中的那个人就是我的父亲,我已经20年没见过他了'。这太令人难以置信了,简直就是一个奇迹。"

马洛里非常自豪地对我说:"我帮助这位男士和他的女儿取得了联系,他们在几十年后重新团聚。现在,他和女儿住在同一条街道,相隔不远。"

马洛里在自己 30 岁生日那天,出发前往埃塞俄比亚待了一个星期。她帮助当地的妇女获得小企业贷款,从而打破贫穷的怪圈。与此同时,她也发现了自己新的使命和想要从事的事业。马洛里并没有一开始就制订一个复杂的行动计划,最开始也没有把为女性赋权作为自己的方向。她在做好准备之前就开始行动,并在前进的过程中发现了自己努力的方向。

再说回到尼泊尔的那场毁灭性的地震,马洛里没有做好准备就飞到了最需要帮助的地方。马洛里回忆道:"飞机降落之前,我没有做好任何计划,也完全不知道落地后我该做些什么。一个朋友的朋友通过社交平台给一个尼泊尔女人发了一条消息,询问她是否可以到机场接我。我在尼泊尔待了 3 个星期,住在这位女士的家里。在那里,我们共同谋划如何为社区里失去家园的幸存者提供卫生用品。需要指出的是,我不是被联合国或红十字会派去这些地方的。我只是以我本人马洛里·布朗的名义,买了一张机票,只身飞到了一个地震后遍地狼藉的地方,遇到了一个和我语言不通的陌生人,抱着坦然的心态出现在了尼泊尔。"

马洛里最近进行了一次迄今为止最大胆的尝试。她告诉我,她参与了一场名为"走一英里"(Walk a Mile)的马拉松,旨在呼吁为全球女性赋权。从同理心的角度出发,穿别人的鞋走上一英里的路程,设身处地为他人着想。后来这项活动被剪辑制作成一部 26 集的系列纪录片，每一集中，我都会设身处地站在一个贫困妇女的立场上思考问题。每集纪录片都拍摄于不同的国家，影片强调了女性面临的另一种斗争——为当地的女性慈善机构筹集资金。这部 26 集的纪录片记录了 26 英里的路程，有 26 位女性作为主人公，涉及 26 个慈善机构。

我们为什么要等待

既然做好准备之前就开始行动如此重要，为什么我们大多数人仍然选择等待呢？重重困难立于眼前，你只有打破计划才能破解僵局。就像鞋带系的死结一样，只有解开了死结，才能迅速解开鞋带。

开始行动的最大障碍之一就是似乎要付出巨大的努力。如果开始一个新项目让我感到畏惧，我会想出各种逃避的理由，"我没有灵感……昨晚我多喝了一杯"。事实是，有时候想要打破无所作为的僵局，唯一的方法就是开始行动。

于我而言，我发明了一种简单的方法，粗鲁地命名为"15 分钟技巧"。当我不想开始一个新项目或从旧项目中断的地方继续时，我强迫自己诚实地给它 15 分钟。当计时器响起时，我仍然觉得自己没有处于最佳状态，我会毫无愧疚地放下工作，稍后再回来。但通常情况下，当我听到计时器的声音时，我已经开始行动了。如果你感到害怕开始或止步不前，请强迫自己开始尝试一定的时间，这能够给你继续前进的动力。

我们一生中所接受的无论正式还是非正式的教育，都教我们压抑自己的主动性。如果你的工作是在建筑工地上浇筑混凝土，"三思而后行"的说法可能适用你目前的工作，但这样的做法绝对无法发挥你的想象力。我们将在第七章讨论与此有关的实验，这句话的现代版本应该是"三思而后行，持续行动"。我们最好快速开始，同时测试一种方法的多个版本，然后根据尝试的结果改进自己的方法。从事各个行业、成就各异的伟大创新者都在快速采取行动，一边行动，一边实验和完善自己的方法。

恐惧是拖延症的根本原因。多年来，我已经无数次为自己的拖延症开脱，找出看似合理的借口，而真正阻止我前进的是，肩膀上的魔鬼在我耳边低声呢喃一些可怕的事情。我们谁都不想失败、跌倒，不想让自己看起来愚蠢，也不想犯错，如果我们让这些担忧阻碍自己前进，就会让恐惧占据自己的内心。其实要制服恐惧怪物，无须像漫画里的超级英雄那般勇敢。我们只需要找到创造性的方法，降低开始行动的风险。

作为一名职业音乐家，我大学毕业就参演了所有我能接到的演出。有时我会收到一些奇怪的邀约，甚至都不确定自己是否能完成。比如,有一次我被邀请参加一个卡津柴迪科手风琴乐队的演出;还有一次我接到电话,邀请我去"爆炸头"乐队担任临时吉他手。当时我只有30岁,是该乐队中最年轻的成员,但我还被要求在表演期间负责所有说唱部分。在这几次经历中,无一例外,我最初都感到不舒服和害怕。我非常怀疑自己,觉得自己会把演出搞砸,成为观众的笑柄。尽管我感到非常沮丧,但我还是强迫自己至少要试一试。一旦我克服了这一点,就会尽力而为。即便犯了错,也会迅速调整。我们倾向于认为,在行动之前一定要制订一个绝对完美的计划,但实际上只需要在脑海中盘算出所有的可能性,以便后续可以判断进展是否顺利即可。

第七章
开设实验厨房

你喜欢马苏里拉奶酪、芝士汉堡,还是热狗?如果想吃甜食,你是愿意尝试黑芝麻奶昔、煎饼培根冻蛋奶冻,还是只喝冷萃浮乐朵?

这些菜肴并没有出现在连锁汉堡店的固定菜单上,而是奶昔小屋创新厨房的菜单。创新厨房位于一家餐厅的地下室,它于2018年开始营业,是一个烹饪游乐场,配备了高科技设备和罕见食材,需要客人发挥创造性实验的精神。

创新厨房是奶昔小屋的烹饪总监马克·罗萨蒂(Mark Rosati)的创意。他解释说:"任何一家公司在发展过程中必须考虑的最重要的事情之一就是,如何保持敏捷并能打破界限。我们经常反思,如果我们现在重新创办奶昔小屋,会做哪些不同的事情?"

事实上,这家公司与它刚成立的时候相比,已经完全不同了。2001年,高端餐厅老板丹尼·梅尔(Danny Meyer)在麦迪逊广场公园开了一个热狗摊,这个热狗摊就在他开的一

第七章 开设实验厨房

家时髦高档餐厅的旁边。与许多餐厅相比，这家热狗摊能够以更低的成本和更快的速度发挥其烹饪乐趣。随着热狗摊越来越受欢迎，丹尼在菜单上增加了汉堡和炸薯条，并在2004年更名为奶昔小屋。这家汉堡连锁店从无人问津到如今已有250多家门店，年收入超过6亿美元，市值超过30亿美元。该公司每家门店的平均销售额是麦当劳的2倍多，它的增长速度让"麦当劳叔叔"心痛不已。

尽管取得了巨大的成功，但奶昔小屋团队仍努力保持创业公司的创造力。公司总部墙上挂着一个显眼的标志，借此强化公司创业的基本原则："规模越大，行动越小。"为了推动创造性探索的原则，日常创新者的第三个执念则是奶昔小屋取得巨大成功的直接原因：开设实验厨房。

从地区性的餐厅到全球性的餐饮集团，食品行业的领导者都在借助实验厨房来推动创新。实验厨房就相当于一间科学实验室，在为创造性思维提供一个安全、设备齐全的环境。

奶昔小屋的实验厨房距离餐厅只有一段楼梯的距离，所以可以随时观察客户的真实反馈。这使团队在提出疯狂的想法后，有条件快速检验想法的可行性，充分发挥客户在新产品研发过程中的关键作用。但总监罗萨蒂也指出："虽然让顾客参与实验过程也有一定的风险，但最终，他们的反馈会提升食物的品质。"

181

在创新厨房里，厨师们正在实现各种渺小而伟大的创意菜突破。除了对新菜单中的各个菜品进行实验外，该团队还花时间进行流程改进、培训升级和提升客户体验等方面的创新。客户对于数字化的自助点餐系统有何反应？如果我们在汉堡准备阶段多加 4% 的调味料会怎么样？我们如何把烹饪时间缩短 5 秒？构思、实验、改进，并不断重复这 3 个步骤。

奶昔小屋的巨大成功与他们的实验思维直接相关。无论他们是想要制作一些非常奇怪的新菜，比如在起泡酒中煮热狗，并在上面撒上鱼子酱、鲜奶油和碎薯片，还是研究一种在营业结束后清洁餐厅台面的更有效的方法。创新性想法帮助这家公司成为世界上最受欢迎的连锁餐厅之一。

10000 次实验原则

在第四章中，我们引用了马尔科姆·格拉德威尔著名的"10000 小时成功理论"。值得一提的是，格拉德威尔指出，只有有意识地进行 10000 小时的练习才能精通某一领域的技能。但畅销书作家、《哈佛商业评论》撰稿人迈克尔·西蒙斯认为，实验才是衡量成功的更重要的标准。迈克尔解释说："有创造力的人，即使是所谓的天才，也无法预见他们的哪些智力或美学创造会赢得赞誉。"所以，他提出了"10000

次实验原则",该原则指出:创造性的成功与实验的次数直接相关。但这并不是真的要求我们实现10000次的数字目标,而是培养一种持续实验的心态。你进行的实验次数越多,就越有可能实现我们所需要的渺小而伟大的突破。

脸书首席执行官兼创始人马克·扎克伯格对此表示赞同。他说:"我最引以为豪的就是脸书的实验框架,同时这也是脸书取得成功的关键因素。在任何特定的时间点,我们绝不会只运行一个版本,而是运行10000个版本。"事实上,高速实验已经成为大多数科技巨头公司取得成功的催化剂,亚马逊、谷歌和微软公司每年都会进行数万次的实验。

亚马逊首席执行官杰夫·贝佐斯说:"亚马逊的成功取决于我们每年、每月、每周、每天进行多少次实验。如果你愿意把实验的次数从100次增加到1000次,便能显著增加你所取得的创新数量。"

2006年进行的一次小型实验,亚马逊成功地创办了自己的云计算部门——亚马逊云服务。由于该公司在基础设施上投入了大量的资金,公司领导人想了解是否可以将一些过剩的产能出租给其他公司。这只是当时亚马逊在追求增长的过程中进行的数十项实验之一。尽管亚马逊的绝大多数实验都失败了,但云服务部门大胆的实验提醒我们,一个成功的想法会引发多么强烈的影响。2019年,亚马逊云服务部门创造了350亿美元的收入和72亿美元的利润。亚马逊云服务并不是亚马逊唯一一次通过一次次实验而取得的巨大成功。事实上，Prime[①]、Echo[②]、Kindle[③]以及第三方卖家都是从实验中诞生的。

为了进入实验状态，西蒙斯建议除了制定常规的待办事项清单之外，还要制定一份每日实验清单。为了塑造自己的实验心态和技能，他建议每天进行3个实验，即使是很小的实验。例如，你可以做一个实验，找出公司网站上"立即购买"按钮改成哪个颜色最能吸引客户。

如果我们想创造出大量渺小而伟大的突破，最理想的方法是进行大量的实验（渺小而伟大的实验）。仅在2010年，谷歌公司就对其搜索算法进行了13311次实验。谷歌更倾向于用实验结果进行决策，而不是盲目遵从公司中资历最深之人的想法。值得注意的是，在谷歌开展的13000多项实验中，只有516项实验改变了最终的决策，"失败率"高达96.1%。

我们大多数人听到失败率高于95%时都会坐立难安。我们错误地认为成功的公司和聪明的人总是第一次就能回答好所有问题，所以只要失败率高于0%，就觉得自己是个彻头彻尾的失败者。但实际上，100%的成功率压根算不上成功。

---

① 亚马逊的会员增值计划。——译者注
② 亚马逊的智能音箱。——译者注
③ 亚马逊的电子阅读器。——译者注

如果你每次尝试的想法最终都成功了，只能说明你太过于谨慎了，所以你永远不会体会到自己所追求的创造性突破。从另一方面来看，更高的失败率意味着你已经建立了更加完善的实验系统，并想出了大量需要实验的创意。我很想成为像谷歌那样的"失败者"——那么你呢？

微软公司有报告指出，大约三分之一的实验结果被证明是积极的，三分之一的结果是中性的，三分之一的结果是负面的。哈佛大学教授、《实验有效》（*Experimentation Works*）的作者史蒂芬·汤克（Stefan Thomke）表示，如果一家公司的实验失败率低于 20%，说明该公司没有承担足够的创意风险来应对竞争日益激烈的市场压力。

一起做实验吧

在万通保险（Mass Mutual）10 万平方英尺的客户服务中心，数百个氦气球直冲天空，渴望获得自由。放飞这些气球并不是为了庆祝国庆节，而是庆祝公司进行了大量的实验。

万通保险是一家拥有 180 年历史、市值 300 亿美元的保险和投资行业的公司。该公司的理赔部副总裁艾米·费拉罗（Amy Ferrero）表示："只要桌子上贴着气球，就说明有人在做实验。气球除了向众人宣告'我正在做实验'之外，也是在邀请其他人一起来讨论这个实验。"

有一位在公司工作了 19 年的老员工同样在她的办公桌上贴上了气球，我们称她为苏珊。"我是受益人开支票之前的最后一站。我在放款之前，必须执行三个步骤（A、B 和 C），我一直都被教导要按照这个顺序去做。如果我在步骤 C 中发现了错误，必须返回并重做步骤 B，而步骤 B 又是该过程中最长的步骤。因为每一步都是独立的，所以我的实验是先做 A，再做 C，最后再做 B。"她一直用老办法工作了近 20 年，感觉非常浪费时间，挫败感爆棚。而如今，一个简单的实验改变了她的工作。

苏珊解释说："我讨厌我的工作，讨厌来上班，所以我一直盼着退休。我开车上班的时间越来越长，经常迟到、早退。但现在，我可以做实验了！以前，我想出的所有想法最后都只是徒劳无功。过一段时间，我就不会想在工作中发挥自己的任何创意了。随着时间的推移，我觉得这只是一份工作，赚钱领薪水而已。我可以在其他方面表现我的创造力。但现在……我热爱我的工作。"

艾米·费拉罗并没有因为要在数百人的团队中推广开放实验文化，就创建一个复杂的实验数据库，也没有绘制大量的电子表格或制定严格的企业实验政策。相反，她买了一罐氦气和几百个聚酯薄膜气球，并分享了自己的实验理念，希望团队尽可能多地进行实验。在推行气球策略之前，团队死气沉沉。推广了气球策略之后，团队呈现出一种充满活力、创造力和乐趣的氛围。艾米·费拉罗只用了一些低成本的物品就创建了自己的实验厨房。

艾米的灵感来自门罗创新公司的首席执行官兼联合创始人理查德·谢里登（Rich Sheridan）。这家公司是位于密歇根州安阿伯市的一家软件设计和开发公司。该公司完成了各种不拘一格的项目，例如，为2018款林肯MKZ汽车制作平视显示器，为修理18轮钻机的工人设计手持柴油马达诊断工具。除了经营公司之外，理查德还是畅销书《快乐，公司：如何建立员工喜爱的工作场所》（*Joy, Inc. How to Build a Workplace People Love*）的作者，并与他人共同撰写了《首席快乐官：伟大的领导者如何提升员工的能量和消除恐惧》（*Chief Joy Officer: How Great Leaders Elevate Human Energy and Eliminate Fear*）一书。

刚开始坐下来与理查德交流时，我感觉紧张不安。他很聪明，身高7英尺（约2米）左右。在一个阳光明媚的日子里，身高只有5英尺5英寸（约1.65米）的我坐在一边，理查德坐另一边，我们中间隔了11个人，我感觉我们坐下来的场景呈现了一幅"人类进化"图。幸运的是，他戴着眼镜的脸上永远保持温暖的笑容，这也让他深受欢迎。他说话时兴奋的语气就像一个9岁的孩子，迫不及待地想要分享一个自己新发现的秘密。

理查德把快乐注入工作场所的理念启发了万通保险的艾

米·费拉罗,促使她构思出了自己的氦气球实验方法。理查德是一位有慢性强迫症的实验者,他建造了世界上最有效的实验厨房之一。他还提出了"让我们在攻克它之前,先做个实验"的概念。理查德带着他标志性的笑容解释说:"在门罗创新公司,你听到'让我们先做个实验'这句话的频率几乎和'早上好'一样频繁。"

理查德的做法就像建造了一个活生生、会呼吸的实验厨房。虽然它不像奶昔小屋的创新厨房那样划定了一个独立的物理空间,但门罗创新公司的大多数员工都养成了持续实验的思维。理查德有意识地创建了企业文化,避免员工只是下意识地回应他的那句"让我们做个实验吧"的口头禅。

有时,实验厨房的思维模式会带来巨大的革新,但有时也会源源不断地激发微创新。理查德描述了他们最近的一次渺小而伟大的突破:"团队成员正在阅读有关'久坐等于吸烟'以及应该站在办公桌前办公的文章。我们没有花 2000 美元给每位员工买一张甚至不确定他们是否会喜欢的可调节高度的办公桌,而是决定先进行实验。有一天,我发现办公室的另一头,有一位软件工程师在桌子上放了一把椅子,上面放着一块板子,板子上放着她的电脑和键盘。这是第一个站立式办公桌实验,花了大约 3 秒,实验成本为零。"

理查德接着说:"突然之间,我开始看到很多办公桌上都放上了椅子。接下来,有同事回家做了一个盒子,看看是否能用它代替椅子。最终我们为每位员工配备了400美元一张的可调节高度的桌面，可以把它安装到每一张桌子上。这说明了我们态度，不是立刻决策，而是先做实验。我们不会成立一个委员会来调查和分析400种不同版本的可调节高度的办公桌。相反，我们首先让员工实验自己是否喜欢每天站着办公，看看这样的办公桌是否真的好用，看看我们是否可以更好地完成我们的工作。"

实际上，门罗创新公司的物理环境就是一个持续流动的实验室。每一张桌子和每件设备都装有轮子，员工可以随时重新布局自己的办公室空间。整个团队在一个巨大的开放空间里办公，地板是混凝土材质，没有墙壁，就像空白画布般的办公室。某一天，3个人可能会为了完成某个项目把办公桌拼成一个豆荚形状，而第二天他们可能会尝试拼一个八角形的桌子，为了加强交流，所有员工面对面而坐。理查德告诉我，办公空间的布局每天都在变化，没有人负责这些办公设施。但也可以说，所有人都在负责。

你或许已经猜到了，门罗创新公司的招聘过程也是一项实验。理查德和我都认为传统的求职面试程序应该改改了。理查德笑着说："我把它描述为两个人互相撒谎一个小时的过程。理查德更愿意招聘那些与公司文化契合而不是简历匹配的员工，他告诉我他正在招聘具有良好'幼儿园技能'的人。你知道……更像'小朋友'那样和别人融洽相处，不打、不咬、不抓、不骂、不拿着剪刀在房间里跑。我们需要这样的优秀团队成员。"为了找到最好的人选,门罗创新公司放弃了传统的面试,采用试镜的形式招聘员工。

候选人两人一组,并指示他们,任务是帮助自己和搭档完成第二次面试。在门罗团队成员(称为"门罗人")的观察下,同组的两位成员要在 20 分钟内完成各项任务。这一环节旨在观察候选人之间的协作和配合程度,而不是他们的个人工作成果。门罗创新公司不是根据简历或推荐信进行录取,而是根据候选人在现场实验环境中的表现进行评判。

在我们分别之前,理查德告诉我,公司的主要目标是"通过采取我们认为最独特的做法,将快乐融入软件发明的过程中,消除技术开发带来的痛苦"。经过 20 年的努力后,他似乎正在实现这一愿景……一次只做一个实验。

建立自己的实验厨房

塔可钟(Taco Bell)利用公司总部二楼一整层的空间作为公司的实验厨房。二楼被装饰成未来主义风格,设有一个感官分析实验室,用于品尝食品和饮料,还有 4 个装有先进设备的烹饪台。这家墨西哥卷饼连锁店大刀阔斧地推行实验厨房,相比之下,被誉为实验厨房概念发明者的费兰·阿德里亚(Ferran Adrià)的方式更为温和。他的餐厅每年仅在

6月中旬至12月中旬营业。其余6个月的时间，费兰会前往巴塞罗那，在一个临时作坊里辛勤工作，研发下一季的新菜单。理查德·谢里登的实验厨房不只是个人努力，而是一种覆盖全公司的实验理念。没有两个实验厨房是完全相同的，所以你可以发挥自己的创意自由，根据自己的需求创建自己的实验厨房。

在构建自己的创意工厂时，请考虑如何设计环境所需的各个核心元素：设备、参与者和原料。

设备

奶昔小屋的创新厨房配备了所有最新的烹饪设备，以此保障员工发明创新所需的一切条件。他们特意把实验厨房开设在一家正在运营的餐厅楼下，以便快速方便地接触到现实生活中的顾客。所有的设计选择都非常有针对性，旨在获得最优的结果。门罗创新公司确保公司的工作场所是可移动的，确保员工可以方便地获得实验的物理环境。万通保险用氦气球来鼓励员工大规模地进行实验。

与过去无菌实验室不同的是，现代化的实验厨房不需要固定的物理空间。钟塔可的实验厨房耗资数百万美元，但卡隆·布罗珊只是利用公寓里的小炉灶进行实验。如果你没有足够的预算或空间来划定一个固定的实验厨房空间，也可以尝试每个月里有一天更改开会的地点。我们将在第九章介绍宝洁公司的创新领导者达斯汀·加里斯（Dustin Garis）。当他想让团队打破常规工作时，他就霸占了一部正在运转的电梯作为临时实验厨房。或者为了某个目的，他也可以让团队进行一次实地考察。

无论是固定的场所还是临时的地点，你都要为实验厨房配备任何可以帮助自己释放新思维的设备。幸运的是，数以百万计的知识型企业只需要一台笔记本电脑和无线网络就能搭建一个实验厨房。此外，你还需要考虑哪些用品可能有助于激发自己的创造力。我的购物清单包括巨型便利贴、彩色马克笔、橡皮泥、建筑用纸、胶带和水枪等。

参与者

在人员方面，我非常认同亚马逊的"两个比萨原则"，这一原则要求领导者尽量精简团队的成员，团队成员晚餐的食量不能超过两个比萨。也就是说，如果两个比萨不足以喂饱一个团队，那么这个团队可能人数太多了。万通保险有数千名员工，但公司有意让实验团队保持较小的规模。

我也非常热衷让团队成员轮流发表观点，让大家从不同的思维模式中捕捉新的想法。邀请看似背景毫不相关的人参与讨论也是激发创造力的好方法。但当你在考虑邀请谁的时候，要尽可能地保证人员的多样性。如果一个摇滚乐队除了有 5 名吉他手之外没有其他音乐人，那就会让人觉得非常荒诞。倘若会议的所有参与者都是会议组织者的翻版，那构思会议也会非常荒诞。集思广益才能提高创意的质量。在组建实验厨房时，一定要考虑到人员的多样性，包括性别、教育背景、年龄、职业、工作资历、经验水平，甚至是行为举止。

原料

每周都有数百万的烹饪爱好者收看美食频道，观看像《厨艺大战》这类的节目。在节目中，参赛者获得了数量有限的奇怪食材，并被要求制作出美味的食物。当你不得不用发酵干贝、玫瑰糖浆和土豆泥做一道菜时，这种奇怪而数量有限的食材组合，一定会让你发明出前所未有的新菜品。如果你拿到的是彩虹甜菜、仙人掌梨、皮蛋和小熊软糖的食材组合，肯定不能按照传统的食谱做菜。总的来说，一组看似不相关的原料推动了创意菜品的产出。

与电视烹饪节目策略中有限的食材组合相比，农贸市场为家中的橱柜提供了丰富的选择。想象一下，周六清晨走过一个熙熙攘攘的户外市场，你可以根据食材的诱人程度选购食材，而不用按照特定食谱的要求选择。带着一大堆食材回到厨房，你就拥有了烹制一道新菜需要的所有元素。奶昔小屋的创新厨房就采用了这种策略，将地球上几乎所有的香料都放在手边做实验。这两种策略不分高下。在寻求下一个重大突破时，这两种方法都有可能让你成功。

在实际的实验操作方面，有众多可以采纳的策略，但我建议从简单的 A/B 测试方法开始。目的是对单个变量进行分别的测试，从而确定因果关系。例如，如果你认为发送主题非常有趣的电子邮件会提高回复率，便可以直接通过简单的 A/B 测试检验自己的假设。

与其发送 50000 封具有相同主题词的营销邮件，不如将这些人随机分成两个小组。理想情况下，两组成员的特征应尽可能相似。例如，如果你根据性别分成男女两组，那么测试得出的结果就不够准确，因为两组成员没有相似的特征。

一旦两组的成员特征相同，你就可以向其中一个组（对照组）发送传统的毫无乐趣的主题词，例如"买一送一"。同时，向另一组（测试组）发送更滑稽的主题词，"我们要给所有顾客赠送免费的产品"。你需要在同一天、同一时间发送邮件，控制除了正在测试的邮件主题词之外的其他所有变量。在其他所有变量相同的情况下，便能有效地衡量你的想法所带来的影响，并就此得出一个可靠的结论。虽然 A/B 测试不够吸引人，但在许多情况下，它是最简单、有效的方法，并且是你接受实验厨房思维方式的一个很好的起点。

卓有成效的实验

起初，有的想法在混乱中迷失了方向。微软必应部门的一名员工想改变标题在搜索结果中的显示方式。这只是一个小小的调整，在向用户显示付费搜索广告时增加了一个稍长的描述。因为当用户点击这些广告时，平台就会获得收入，所以他们的想法是，添加一个稍微长一点的描述会增加广告的吸引力，从而吸引更多用户点击广告，以此提高公司的收入。这个概念听起来还不够吸引人，所以被搁置在一众类似的想法中，留待日后测试。

软件工程师觉得修改代码是一件非常简单的事，所以他决定进行一次简单的实验。抱着"让我们做个实验吧"的心态，他自行修改了代码，并利用 A/B 测试衡量了这一微小变化的影响。经过一天的测试，数据显示点击率增加了 12%。但他认为点击率的大幅提升一定是一种异常现象，于是再次进行了实验。

经过进一步实验验证，5 分钟修改的代码最终在整个系统内推广，为微软必应增加了 1 亿美元的利润。这个渺小而伟大的突破被证明是该部门历史上最好的创收理念。这一想法之所以得以实践，是因为微软建立了一种实验文化，确保软件工程师有勇气测试不同想法。

虽然这项险些错失的创新带来了非凡的成果，但这并不是反常现象。本章前面提到的哈佛教授、作家史泰芬·汤克表示，"微软必应的'对所有工作进行实验'的方法带来了惊人的回报。它帮助必应决定每个月要进行的数十项与收入相关的改变，而这些改变共同使用户每次搜索的收入每年增加10%~25%。这些增强功能，以及每月数百项提高用户满意度的其他小变化，是必应赢利的主要原因，也使得必应在美国搜索市场的份额从2009年创立之初的8%攀升至23%"。

实验思维帮助微软必应快速测试和适应数字行业，但实验思维方式能否在物质世界中产出同样的结果？这正是道格·彼得森（Doug Peterson）穿越半个地球，带领新西兰夺得美洲杯冠军时问自己的问题。

美洲杯帆船赛是古老的国际体育赛事之一，其历史可以追溯到1851年。当时英国皇家舰队向绕怀特岛帆船比赛的优胜者颁发奖金。第一届比赛的冠军是纽约纵帆船"美洲号"，从那时起，该比赛就被称为"美洲杯"。考虑到美国在过去150年间举办的35届比赛中赢得了29届比赛冠军，这项赛事以此命名，也算实至名归。美洲杯已成为一项备受瞩目的赛事，拥有庞大的赞助商和资金雄厚的团队，参赛者们为了名誉和荣耀不断挑战航海的极限。

道格·彼得森于1994年执教新西兰队，那时他的球队夺冠的可能性微乎其微。当时，美国队实力强劲，一直是最受欢迎的球队。反观新西兰队，不论是资金还是实力都处于劣势，而且面临着似乎无法克服的困难。从历史上看，往往都是预算最多的队伍赢得比赛。与美国队相比，新西兰队的备赛经费甚至还比不上美国队的午餐钱。美国队的首席舵手丹

| 第七章 开设实验厨房 |

尼斯·康纳（Dennis Conner）曾4次获得冠军，是享誉世界的"美洲杯先生"。当时的专家们确信新西兰队势必遭遇失败，但道格对此毫不在意。他无视其他团队和媒体的嘲讽，开始进行实验。

尽管面对压倒性的劣势，但道格坚信，如果他的团队能在实验中胜过对手，就能在正式比赛中胜过对手。队伍抵达新西兰后，他立即向队员们灌输了快速实验的理念，指导50人的团队不断进行实验。整个团队包括设计师、造船师、工程研究人员、分析师，当然还有水手，他们每个人都值得在职位描述中添加"实验员"这个称号。

在团队兴奋地为决定命运的比赛备战的过程中，他们采用了设计、构建、测试和分析这一行之有效的四步实验法。

设计阶段包括构思出尽可能多的想法，然后设计出快速、低成本地测试这些想法的方式。该团队构思出的想法包括新的航行技术、团队沟通策略以及训练流程。他们还着手挑战传统的帆船制作工艺，制造出历史上最快的帆船。新西兰队没有考虑多年来不断被优化的帆、桅杆和船体，而是突破了传统的方法，专注于改良龙骨。他们假设可以通过提升龙骨的性能，从而显著提高帆船航行的速度。除了构思出新想法外，他们还必须弄清楚如何成功地进行测试。计算机是否能低成本的快速模拟出航行实验，或者是否需要建立物理模型来进行专门的实验？

完成了想法的构思和实验设计后，团队就进入了构建阶段来构建实际的实验。起初，他们以非常廉价的方式进行实验，如利用基本的黏土模型、计算机模拟实验，甚至是粗略的草图。像这样的粗略实验被称为低保真实验，因为没有模拟出真实的情况。这些初步的测试非常适合大型项目的早期阶段，因为它可以快速排除不成功的想法，有助于确定哪些初始想法值得进一步探索。随着比赛的临近，该团队转变为更接近实际情况的高保真实验。团队制作了一艘4：1的模型帆船，在风洞和船模试验池中进行测试。这些实验使团队能够在不同的接近真实的海水环境中测试他们的想法，能够模拟风暴、大风和波涛汹涌的海水。

完成实验环境的构建后，团队就进入了测试阶段。团队在这一阶段一次又一次地进行实验，一次测试一个变量，并与对照组进行比较，从而检验其中的因果关系（经典的A/B测试）。如果对主帆的位置进行细微的调整，经过帆船表面的水流会如何变化？在拉长龙骨的实验中，如果风速增加3节，帆船会有什么反应？

实验完成后，开始进入分析阶段。在这一阶段，团队会回顾测试结果，将其与之前的实验进行比较，然后试图较好地阐释数据背后的真相。在这一阶段，团队也会得出结论，形成新的假设，并重新回到实验的第一阶段。虽然过程严谨又辛苦，但极具指导意义。快速的反馈循环推动快速产生新的想法、快速的变化和快速的新实验。

该团队的一位仿真专家大卫·伊根（David Egan）解释说："我们有能力不断地设计、测试和完善我们的想法，而不是依赖于几次大的飞跃。团队会就设计问题进行非正式的讨论，在杯垫的背面画出示意图，然后让我计算数据。使用传统的设计方法意味着要等上几个月的时间才能得出实验结果，而我们的思维变化如此之快，恐怕到那时我们早已忘了当初为什么要做这项实验。"

1995年6月13日，新西兰队横扫了5场比赛，取得了一次次胜利。当新西兰队创造历史时，电视评论员彼得·蒙哥马利（Peter Montgomery）惊呼："美洲杯现在应该改名叫新西兰杯了！"这句话在新西兰文化中迅速流行起来，成为民族的骄傲之歌。

在描述这场史无前例的胜利时，队伍的领队道格·彼得森表示，是快速实验以及一系列小的进步使我们赢得了比赛。帮助队伍取得决定性胜利的并不是突破性的转变，而是大量的渺小而伟大的突破推动团队取得了非凡的成功。测试大量不起眼的想法是实现持续增长和成功的新模式。无论你是什么身份，都可以开设一个实验厨房来提高自己的创意产出。你的实验厨房可能是一间真正的实验室，或者只是培养一种实验的心态，但对实验的执念一定会带来更好的结果。

通过以上努力，我们已经准备好继续了解日常创新者的第四大执念——不破不立。我们将彻底打破那句早已过时的格言："如果没坏，就不要修理它。"在第八章中，我们将探索日常创新者如何解构和重建。

第八章
不破不立

和世界上很多孩子一样，乐高是我成长过程中很喜欢的玩具。多年来，它一直是我生日和节日愿望清单上的首选，我以一种几近疯狂的态度收集这些玩具。在我弟弟出生之前，我征用了家里的一间空余卧室，这间卧室被称为"乐高室"。

我辛辛苦苦连续几个小时拼出了"火箭飞船"和"城市"，只是为了拆除这些模型重新拼成其他模型。多年后，作为父亲，我和我的大儿子诺亚（Noah）一起用乐高拼出了复杂的死星（《星球大战》中的超级武器）场景套装。我承认我是一个铁杆乐高迷。

小时候，我建造乐高城堡并不是为了把完成的作品放在书架上永久陈列展出。对我来说，玩乐高最大的乐趣之一就是拆除我已经拼好的模型，快速重新拼凑成一个新的版本。当我拆毁拼好的"摩天大楼"时，我会在拼下一个版本时把根基打得更牢固，从而增加结构完整性。把一辆新拼好的

"赛车"拆掉拼成一艘"警用船"也是一次非常有趣的体验。玩乐高的乐趣不在于拼好一个模型,而在于这是一个不断创造,然后再重建的过程。这就是拼乐高的全部意义,而这也正是乐高集团自丹麦农村起家以来在经营企业的过程中所做的事情。

在1932年爆发的经济风暴中,一位名叫奥莱·柯克·克里斯蒂安森(Ole Kirk Christiansen)的家具工匠为了养家糊口开始制作木制玩具。公司只有他一个人,他将自己的公司命名为"LEGO","LEGO"一词是丹麦语中"leg"和"godt"两个单词的缩写,意为"玩得开心"。这家刚刚创办的公司主要生产木制玩具鸭和悠悠球,克里斯蒂安森可以用他以前生产家具的设备,制作这些玩具。但1942年的一场大火烧毁了他的小工厂,从而开始了公司的第一次重建。

大火迫使克里斯蒂安森重新审视自己的业务,并反思不断变化的玩具行业。既然他无论如何都要重建工厂,那他想知道是否应该为工厂装配设备,继续生产同样的木制玩具,还是应该探索全新的领域。于是,他没有急于重返过去的行业,而是探索玩具行业、制造业和儿童发育的新趋势。

克里斯蒂安森决定大胆地改造自己的业务,让孩子们有机会自己制作玩具,而不是购买他做好的成品。1946年,公司率先在丹麦购买了一台塑料注射模成型机,开启了全新的经营模式。到21世纪末,乐高已经从一家木制玩具企业转变为一家可拆换的塑料积木生产商，也就是全世界都知道的乐高积木。

虽然工厂的火灾并非有意为之，但乐高公司的转型体现了日常创新者的第四大执念——不破不立。如果没有发生火灾，乐高很可能只是一家不知名的悠悠球制造商，无法成为世界性的玩具公司。事实上，乐高集团最大的创新可能不是模块化的塑料积木，而是公司不断自我革新的能力。

越来越多的孩子们爱上了积木拼搭套装，乐高积木的玩法开始在世界各地流行开来。虽然公司的利润飙升，但从未滋生自满的情绪。1968年，公司在丹麦比隆的总部开设了乐高主题乐园。公司并未在当前的领域故步自封，而是开拓了新的领域。时至今日，比隆小镇的常住人口只有6662人，但1974年的乐高主题乐园游客人数就已经突破了500万。从木鸭玩具到塑料积木再到主题乐园，这都要求乐高公司有意愿重新思考自己当下的商业身份。如今，乐高公司在全球有9个主题乐园，分布在德国、马来西亚、日本、迪拜、英国、意大利和美国等地。主题乐园的创意又是一次利润丰厚的冒险，参观乐高乐园还能加深客户对这家标志性玩具制造商的忠诚度。

乐高集团的领导者有一个特点，那就是永远不满意，把现状视为自己最"邪恶"的敌人。就像我喜欢拆掉自己拼好的乐高作品，并拼成新的模型一样，不破不立的精神渗透到了乐高的企业文化之中。

1969年，乐高公司推出了更大块的积木品牌都普乐（Duplos），将积木市场扩展到幼儿领域。幼儿的手比较小，大积木更易于小孩子掌控，所以一经推出立刻就受到了欢迎。乐高公司为了吸引青少年和年轻人，又用同样的思维模式推出了带有齿轮和复杂零件的乐高机械组（LEGO Technic）。大多数公司会因为害怕蚕食自己当下的业务而拒绝接受以上两个新概念产品。但值得庆幸的是，丹麦比隆的乐高公司杜绝"杀鸡取卵"、只顾眼前利益的思想。

1999年，乐高积木被《财富》杂志评为"世纪产品"，乐高可谓行业成功的典范。许多公司做出一番成就后，就想要躺在功劳簿上乐享其成，自然会开始走下坡路。相比之下，乐高公司会把每次成功当作热身。从1998年到2002年，乐高的公司标语一直是"想象一下……"，这也正是乐高公司一直在做的事情。

从"月球车"到"堡垒"，乐高公司只生产内部设计的产品。尽管其他公司多次提出合作的提议，但乐高公司始终坚持"内部创造"的观念。然而在2000年，乐高公司打破了这一规则，与华纳兄弟签署了哈利波特乐高系列的协议。乐高又在2007年扩大了与卢卡斯影业（Lucasfilm）的授权协议范围，推出了星球大战和印第安纳琼斯主题的产品。之后，乐高公司又与迪士尼消费品公司（Disney Consumer Products）

达成协议，推出迪士尼和皮克斯系列的产品。授权协议对乐高公司来说是新事物，需要公司重新构想其中的核心元素，但公司愿意用新模式取代旧传统。

到 2013 年，乐高公司的发展一直很顺利。在不到 10 年的时间里，公司的收入翻了两番，并正在拓展从乐高机器人到视频游戏等新机遇。乐高公司大胆坚持不破不立的举动，从玩具行业进军电影行业。与华纳兄弟合作的《乐高大电影》(*The LEGO Movie*) 在国际上大获成功，票房收入高达 4.68 亿美元。这部电影的成功催生了另外 3 部电影，即《乐高蝙蝠侠大电影》(*The LEGO Batman Movie*)、《乐高幻影忍者大电影》(*The LEGO Ninjago Movie*) 和《乐高大电影 2》(*The LEGO Movie 2*)，总票房收入超过 11 亿美元。

乐高未来实验室（Lego Future Lab）是一个致力于创造公司未来的团队，赋予了乐高开拓新领域的核心能力。乐高公司的前首席执行官约恩·维格·克努德斯托普（Jorgen Vig Knudstorp）说："因为实验室有点违反常规，所以只是公司业务的一小部分。"乐高未来实验室的设立也遵循了开设实验厨房的原则，该团队在乐高园区有一栋专门的建筑，用于修补、试验和培育任何运营需求之外的新想法。克努德斯托普坚定地说："我们一定要做实验。"

在未来实验室的帮助下，乐高不破不立的步伐似乎未曾停止。当 AFOL（乐高的成人版）提出为成人制作大型复杂套装的想法时，未来实验室努力将其变为现实。乐高为成年人推出了乐高建筑系列，产品包括建造帝国大厦、泰姬陵、埃菲尔铁塔和伦敦特拉法加广场等复杂复制品的玩具套装。这些套装的售价高达 400 美元，目的是取悦怀旧的成年人，而不是年轻人。

此外，乐高公司还创办了一个名叫"乐高 Ideas"的众包平台，客户可以在该平台上提出自己对于未来玩具套装的想法。这一平台大受欢迎，世界各地的乐高爱好者投票选出了他们最喜欢的创意，其中许多创意已经被生产成畅销的乐高玩具。乐高机器人（Lego Mindstorms）是一款教育产品，学生可以用乐高零件组装成一个能够运行的机器人，并以此竞争奖品和认可。我们当然也不能忘记乐高公司为视障儿童和护理人员专门设计的积木套装，还有乐高生活（LEGO Life），这是一款安全、基于乐高理念的线上社交应用软件，针对还不能上照片墙或色拉布的孩子。当然，还有乐高"积木"系列，其中包括乐高生活出品的街头艺术家班克西的作品套装。甚至还有一家名为"乐高认真玩"（LEGO Serious Play）的商业咨询公司，帮助培养组织的创造力。

随着公司从一种业务跳转到另一种业务，乐高一次又一次践行不破不立的执念。创办之初，乐高只是一家生产木制玩具的公司，之后它打破这种观念并转型成一家塑料积木公司，继而又打破这种观念，拓展到主题乐园行业，再次打破理念进入电影行业。随着产业发展，它又打破传统，进入电子游戏行业；继续打破传统，进军机器人行业；接着打破传统，制作适合成人的玩具；继续打破，建立社交媒体网站。

乐高一步一步地持续建造和重建、解构和改造。如今，乐高公司的年收入高达61亿美元，创造利润13亿美元，拥有19000名员工。这家世界上最大、最成功的玩具公司仍然由最初的克里斯蒂安森家族私人控股，总部仍位于比隆小镇，但该公司除此之外的其他一切几乎都发生了变化。该公司的巨大成功得益于其发现新机会的能力，绝不固守旧规。乐高从不害怕挑战传统的方法或现有的惯例，乐高将继续秉持不破不立的理念将公司发展到新的高度。

录像带杀死广播歌星

《录像带杀死广播歌星》(*Video Killed The Radio Star*)[1]无论听过多少首其他歌曲，这首歌一定是你无法忘怀的歌曲之一。英国新浪潮流行乐队——巴格斯（The Buggles）于1979

---

[1] 巴格斯乐队于1979年创作的一首歌曲，这首歌曲在当时掀起了一阵摇滚浪潮。霍恩表示自己认为视频技术将会改变一切。MTV的出现彻底改变了人们通过广播电台收听音乐的习惯，让人们牢牢坐在电视机前，感受MTV带来的视觉和听觉双重享受。——译者注

年推出了这首朗朗上口的歌曲，自那以后它就广为流行。这首歌大受欢迎的前提是一项新的创新音乐视频（MTV）代替了旧的传播方法（广播）。

这首歌在商业上取得了巨大的成功，在16个不同的国家排行榜上名列第一，并被评为"改变历史的100首歌曲"之一。除了音乐性之外，这首歌的名字还恰当地表明了人们认为未来的需求比过去的需求更重要。

"如果没坏，就不要修理它"这句格言非常令人讨厌。"不破不立"的执念恰恰处于那些过时习语的对立面，激励我们去挑战那些运行良好的产品、系统、方法和流程。与其等待外部力量迫使当前的状态过时，不如在这种理念的激励下先发制人。为何要等到当前的系统被取代后再采取行动？

冰箱里的牛奶都有明确的保质期，但我经常反思为什么商业世界中的大多数东西都没有强制更新的日期。我们在制定新的系统或流程时，为什么认为这种方法是永恒不变的？第三章中谈到的青蛙原理已经阐明：在瞬息万变的世界里讨论永恒毫无意义。我坚信，我们有责任寻求新版本、解构和重建、重新构想并追求更好的方式。我们每个人都有责任发现自己的"录像带杀死广播歌星"式的方法。

日常创新者都在不断地反思当前的现状，寻找突破的机会，继而创造新的机遇。任何对产品、团队、生产实践、安全标准、销售努力、培训以及其他系统做出升级，无论规模大小，都能获得巨大的红利。同样的方法不仅适用于重塑一个行业，还可以用来重新调整周一早上团队会议的安排方式。遵循以下三个步骤，你就可以找到简单的"不破不立"的方法。

第一步：解构

首要任务是仔细分析当前方法的各个要素。这就相当于把我拼好的乐高"海盗船"拆成一块块零散的积木。如果你生产某种食品，那就需要根据最初的配料表解构自己的产品。或者，如果你想要改进工作的流程，那就必须仔细审查该流程的所有细分步骤。无论是具体的步骤，还是象征性的步骤，你都需要把目标解构为尽可能小的细分步骤。

第二步：审查

在第一步完成了对各个要素的解构之后，第二步则需要用科研人员的挑剔和勤奋来审查各个要素。为此，我建议使用播放列表。在希思兄弟 2013 年出版的《决断力》（*Decisive*）一书中，对清单和播放列表进行了区分。他们将清单描述为所有必须完成的事情列表，而播放列表则条理清晰地罗列了各种可能性。当我在解决某个问题时，我会列出一份问题播放列表，帮助我从根本上彻底理解该问题的各个组成要素。

- 这个东西是做什么用的？
- 目前还缺少什么？
- 最初创意的思路和背景是什么？
- 为什么这种做法在过去有效？
- 今天又有什么不同？
- 自最初的创意以来，客户的需求发生了什么样的变化？
- 目前是哪些核心规则、真理、传统或信仰支撑这一创意，之后可能会受到挑战？
- 世界上还有哪些地方存在类似的问题或模式？
- 自当前的版本创建以来，哪些新兴的技术可以帮助改进现有的版本？
- 它的耐用性如何，哪个环节可能会出现技术故障？短板又在哪里？

我希望你能像一位优秀的侦探一样，在得出任何结论之前收集尽可能多的"证据"。

第三步：重建

基于第二步的审查之后，为了提升最终的效果，第三步开始重新组装各个要素。在这个过程中，允许自己进行一定的修改。在第三步这个阶段，我非常推荐另一个问题播放列表。

- 我可以添加哪个新元素？
- 我可以删除哪个元素？有什么可替代的元素？
- 如果我可以施展魔法让过程变得更好，最终会呈现什么结果？
- 如何重新组装或重新安排才能节省时间或金钱？如何提高质量？如何解决新问题？
- 同领域的其他人如何解决这个问题？其他领域的人又如何解决这个问题？
- 我可以从自然或艺术中汲取哪些灵感，激发我升级当前的想法？
- 我该如何升级某些要素，比如加大马力或提高计算能力？如何减少某些要素，比如缩小占地面积、减少浪费和更快交付？
- 如果我已掌握了多种可能性，我该如何在推进这些可能性之前，构建一个快速测试这些可能性的模型？

回顾前文中提到的一些创新者，我们不难发现这种方法是他们最终取得成功的基础。某些行业的内部人士审视了自己当下所处的行业，找到了新的发展道路。例如，马特·伊什比亚将他的小型零售抵押贷款公司重组为全国最大的批发抵押贷款供应商。

内行人方法的核心是构建一个更好的版本，即升级自己目前正在从事的事情。例如，奶昔小屋的创新者专注于升级自己现有的餐厅业务，而不是创办一家工业供应公司或一家商业诉讼律师事务所。

我们还研究了外行人，他们使用这种方法完全融入了一个新的领域。在共同创立"Apeel Sciences"之前，珍妮并不是从事新鲜农产品行业的资深人士，就像查德·普莱斯在创立马克医疗之前完全没有医疗保健行业的从业经验一样。事实上，如果外行人找到更好的方法，往往会给行业带来重大的转变。

打破不平等现状

瑞恩·威廉姆斯（Ryan Williams）对不平等的现实略知一二。在整个19世纪，瑞恩的祖先都被迫沦为奴隶，在路易斯安那州的烈日下无休止地在种植园里劳作，帮助他们所依附的奴隶主们致富。瑞恩在巴吞鲁日[①]的一个工人阶级家庭长大，亲身经历了种族隔离、高犯罪率和持续贫困等社会现实。在他的社区中，三分之一的非洲裔美国人最终都接受了刑事司法制度的制裁。亲眼见证了不公平的制度给他的家人造成的伤害，瑞恩很早就发誓要做出改变。

除了种族不平等之外，美国的贫富差距也是一个普遍存

[①] 路易斯安那州的首府。——译者注

在的问题，处于顶层的人拥有更多的机会，而处于底层的人能够获得的机会则越来越少。从 1989 年到 2016 年，美国最富有和最贫穷的人之间的收入差距扩大了一倍多，贫富差距位列所有 G7（七大工业国组织）国家之首。与此同时，在过去 5 年中，中产阶级的收入增长速度也低于上层阶级的收入增速。一直到瑞恩成年，他决定不再袖手旁观，要彻底改变这个恶性循环。于是大学毕业后不久，他决定来一次不破不立的突破。

富人之所以能变得更富有，其中一个特殊原因在于，他们有渠道投资利润丰厚的商业房地产行业。毕竟，只有收到邀约的人，才有资格坐在木板装饰的图书馆里一边抽着雪茄、喝着波旁威士忌，一边聊着幕后交易。虽然所有投资者都可以投资公开交易的房地产投资信托（REIT），但私下交易才能让投资者买得起新游艇。在瑞恩出现之前，除非你是这个秘密俱乐部的会员，否则根本无法接触到这样诱人的机会。

瑞恩的使命就是在高端商业房地产领域实现公平和平等，所以他创办了在线投资平台"Cadre"，该平台为所有想要投资的人提供了透明的信息和准入的机会。它允许我们这些亿万富翁阶层以外的人，即使在资金不够充裕的情况下，依然可以投资高质量、高利润的房地产行业。这是有史以来第一次，我们这些预算只够买啤酒和炸玉米饼的人，可以与那些吃龙虾和鱼子酱的人共同竞争。

瑞恩解释说:"房地产行业历史悠久,很多运营的方式已经过时。"瑞恩首先利用不破不立的方法破解当前的局面,他研究了资金如何在交易之间流动,如何赚钱,以及哪些人有准入的渠道。接下来,他仔细审查了各种元素。他首先了解到,大多数房地产交易所需的最低投资规模远远超出了普通人的承受能力。其次,资金一旦投入,在另一笔大交易发生之前都无法取出,这个过程可能要持续10年或更长的时间。如果你是亿万富翁,资金被长期冻结并无大碍,但不可立即兑现对大多数人来说都是巨大的阻碍。最后,最赚钱的交易从来不会进入公开市场,这意味着普通投资者只能接触到残羹冷炙。

瑞恩解构并仔细审查了该行业的所有要素之后,开始重建该行业。"Cadre"以较低的投资规模和费用为客户提供以前普通人无法涉足的房地产交易。此外,该平台允许投资者随时出售他们的个人投资项目,解决了不可立即兑现的问题。瑞恩解释说:"二级市场赋予了他们买卖自己权益的权力,这对直接投资者来说是史无前例的。"

说回瑞恩反对不平等的斗争,他的使命是为每个人创造投资的机会。瑞恩解释说:"以前,只有最富有的前1%的投资者才有机会投资这类交易。但有了'Cadre'平台后,我们为投资者提供了商业地产的直接交易渠道,就像在亚马逊上买卖商品一样简单。"

不到 6 年的时间,该公司估值超过 8 亿美元,交易额已经超过了 20 亿美元。现年 32 岁的瑞恩计划将"不破不立"的方法扩展到房地产以外的其他资产类别的投资。他希望有一天,"Cadre"能成为买卖各种以前无法涉足和不可立即兑现的投资产品的平台。瑞恩总结说:"我们专注于自己的使命,正在创建一个平台,力求为投资者提供更多可以投资的金融期货。"在竞争激烈的商业房地产领域,这位年轻的局外人颠覆了传统的行业,兑现了他与不平等做斗争的承诺。该公司的口号"重新定义房地产投资"完美地概括了瑞恩的战略,他也将这一口号应用于实现建立一个公平、公正社会的愿景。

历史重现

从 20 世纪初汽车工业的诞生,到 20 世纪 60 年代末爆发的种族骚乱,底特律市中心西拉内德街 250 号消防局见证了这段历史。自 1840 年以来,该地段一直归属于底特律消防局,从最初的消防站转变为消防局的总部,直到 2013 年被出售给开发商,将其改造成一家精品酒店。为了给新建酒店腾出空间,消防局内的地板和墙壁上的陈旧木材被拆下运走,但马克·华莱士(Mark Wallace)从中发现了比废木材更有价值的东西。

瑞恩解构商业房地产投资行业，是为了用更好的方式重组该行业。但马克却从中发现了回收木材的商机，他认为废弃的木材可以制造出完全不同于其原始用途的东西。马克用从底特律消防局回收的松木和枫木地板，费尽心思将其改造成一把全新的吉他。在我们谈话之初，马克表示："我试图把曾经有用但被丢弃的物品变成新的、充满生机的物品。"

马克是底特律华莱士吉他公司的创始人兼首席执行官，该公司回收底特律地标建筑中废弃的木材，并将其制成精美的手工吉他。马克告诉我："底特律的一些建筑有着非常悠久的历史。我最喜欢的一座建筑是布鲁斯特－惠勒娱乐中心。对于音乐爱好者来说，这里是戴安娜·罗斯（Diana Ross）和一些著名音乐人长大的地方。"

底特律华莱士吉他公司制作的吉他既是一件艺术品，又是一件实用的乐器。这些具有建筑意义的木材经过修复、抛光，被手工制作成精美的吉他。相比于大规模生产的吉他，这些乐器是有灵魂的，蕴含并延续了一段丰富的历史。无论回收的木材来自老凯迪拉克汽车厂、曾经熙熙攘攘的城市法院，还是早已被人遗忘的教堂，每把吉他上都印有以313（底特律的区号）为开头的序列号，以及一串表明其起源和故事的数字。

此外，该公司还为挑剔的客户定制吉他。马克分享说：

"我们用底特律河贝尔岛的一家旧锯木厂的木头为一位汽车行业高管制作了一把吉他。我们为他做的一件特别的事情是,制作指板上的圆点时,我们选用了一种叫作'福特宝石'的材料。这是一种虚构的矿石名字,实际上是在福特油漆厂的旧喷漆房里制作而成的。洒落在车间地面上的一层层漆经过日积月累,最后就变成了这样。当你切开这些'宝石'的侧面,你会看到许多细小的纹路,实际就是福特某些车型的颜色。于是我们用这些'宝石'做成了一把独一无二的吉他!"

马克解释道:"我们制作这些吉他的目的是保护我们热爱的城市历史,同时尊重其精湛工艺的传统。底特律人非常擅长从事制造业,而我们公司以制造业起家。"在建筑物被解构后(第一步),他审查(第二步)出了一些全新的东西,再将木材重构(第三步)成具有历史意义的独一无二的吉他。因此,底特律以定制工艺和美妙音乐而自豪的传统得以延续。

如何吃热狗

每年的7月4日,选手们都会登上内森热狗店"吃热狗大赛"的舞台,争夺大胃王的头衔。多年来,这一奇怪的比赛已经发展成了固定节目,奖金和名声已经直逼英国公开赛。通常，参赛者们为了加快速度，会像野餐一样把所有的热狗摊开。直到一个新竞争者加入了这项赛事，彻底改变了这项赛事。

小林尊身高 5 英尺 8 英寸（约 172 厘米），体重只有 128 磅（约 58 公斤），外形看起来与其他参赛者完全不同。事实上，他根本不喜欢吃热狗。然而，吸引小林尊的是赢得奖金和大胃王的称号。所以，当他决定参加"吃热狗大赛"时，也采用了不破不立的方法。小林尊解构了手头的任务，把热狗和面包分开。他是为了比赛而吃东西，不是为了烹饪乐趣，所以他从运动员的角度来审查热狗的各个部分。为了重建，他尝试了各种策略来提升速度和效率。

他首先把热狗和面包分开，之后发现可以把热狗对折，然后一口吞下。另外，面包需要多次咀嚼才能下咽，这让他感觉很不舒服。直到他尝试了创造性的方法，将面包泡入水杯中，挤出多余的水分，再把面包一口吞下。虽然这肯定令人作呕，但效率的确提高了很多。

小林尊为比赛进行训练，通过大量饮水扩大自己的胃容量，并练习举重增强肌肉的质量，确保达到最佳状态。他还以标志性的全身摆动动作"小林摆动"而闻名，可帮助食物快速通过食道进入胃部。

这项赛事已经举办了 90 年，世界纪录是 12 分钟内吃完 25.1 个热狗。小林第一次比赛就吃了 50 个！他不破不立的策略帮助他把世界纪录翻了一番，一举成名。他创造性的快速进食方法帮助他赢得了另外 15 项世界纪录，包括 30 分钟内吃 337 个布法罗鸡翅、10 分钟内吃 159 个炸玉米饼、8 分钟内吃 93 个汉堡、12 分钟内吃 62 片比萨和 10 分钟内吃 41 个龙虾卷。他每一次获奖都是通过解构、审查和重建的方法，这也帮助他赢得了超过 600 万美元的终身奖金。

我们常常依赖过时的方法取得成就。但是采取过时的方法无法赢得冠军。当我们准备迎接下一个挑战时，让我们跟随小林的脚步，总结出全新、更有效的进攻计划。不破不立的方法能够帮助你取得更好的结果，所以，如果你想要把握好重要的机会，请重建自己的工作流程，而不仅仅是加快速度。

我想给全世界的学生上课

纳迪亚在高中时期感觉上数学课异常的痛苦，于是她向表哥求助。她的表哥萨尔是一位数学奇才，理论上他应该是一位完美的导师。但问题是纳迪亚住在数千公里之外的新奥尔良。虽然距离遥远，但萨尔还是想帮助他的表妹，于是他开始制作简易的教学视频，因为他认为这些视频可能有助于解释一些复杂的概念。事实证明，他的表妹非常喜欢这些录播的视频，因为她觉得自己可以随时开始和暂停，必要时还可以重复观看某些节段的视频，也不会因为跟不上老师的节奏而感到羞愧。萨尔当时并不知道，自己帮助表妹纳迪亚学习代数的经历将会引发一场全球性的教育革命。

起因是有人偶然浏览到萨尔在油管网上为表姐发布的视频，不久之后，点击率暴增，开始有人发表评论："我12岁的儿子患有自闭症，他的数学很糟糕。我们什么方法都试过了，也购买了无数的学习材料。但我们无意中看到了你录制的讲解视频，我儿子看了以后竟然学会了。我们简直不敢相信，我的儿子也非常兴奋。"

除了学生和家长的反馈外，老师们也纷纷开始表达自己的感激之情。一些进步的教师开始使用萨尔的视频作为自己课堂教学的补充，学生的成绩也因此得到了显著的提高。接收到各方的积极反馈后，萨尔意识到他有可能真正地改变教育行业。

经过深思熟虑，萨尔决定彻底解构教育，他想让所有人都能免费接受教育。树立了宏大的愿景后，萨尔必须采用不破不立的方法。首先，他解构了学习过程的各个组成要素，包括面对面的教学活动，通常是一群学生安静地听老师讲课；还有实践性学习，但奇怪的是，学生只是独自在家中完成实践性学习。此外，萨尔解构了课程、教育理论、测试、评分，当然还有成绩。若想改革教育，首先要解构当前教育系统的各个构成要素，从而探索出新的更好的方法。

接下来，萨尔的审查产生了一些有趣的观点。他发现传统的教育方法已然过时。他觉得学生在家里上课学习效率反而会更高，因为学生可以按照自己的节奏观看课程视频。他们可以随心所欲地开始、暂停或重复播放，这种方式能够使学生完全掌握上课的内容。学生在校学习期间，专业教师可以带领学生积极参与实践学习体验，而不只是单方面的自言自语。

萨尔认为，只要提高学生参与课堂体验的积极性、协作性和参与度，课堂学习才更有意义。萨尔解释说："一位老师无论多么优秀，都必须千篇一律地给30名学生上课。他们经常面无表情，甚至略带倦意。而如今，上课是一种人文体验，老师与学生之间可以互动交流。"

萨尔的另一个观点是，学生经常在没有完全掌握核心概念的情况下就被迫进入下一阶段的学习，但这就给后续的学习埋下了出现新问题的隐患。如果学生掌握了80%的重要概念，就会得到80分，并进入下一个阶段的学习。但是没有恰当的机制来弥补剩下20%的差距，这可能会对学生整体教育造成损害。萨尔将其比作学习骑自行车，如果你没有学会如何转弯，那就必须努力直到学会为止。但是在学校的教育体系中，教师不会理会未来有撞车的风险，依旧让你进入下一阶段的学习。

虽然有些见解令人大跌眼镜，但其也存在明显的合理性。联合国发布的全球教育报告指出，全球约有 6.17 亿儿童没有达到阅读和数学的最低水平，该报告用"学习危机"描述这一现象。低收入地区受到的影响尤其严重，我们前文中谈到的卡里·斯威尼在底特律的市中心开拳击馆的故事就是最好的证明。放眼全球，部分地区的情况更加严峻。例如，在巴西，只有 7% 的高中生达到该年级所要求的数学水平，而秘鲁只有 15% 的八年级学生能够达到基本的阅读和写作水平。

萨尔清楚地意识到了目前教育存在的问题，于是他在 2018 年辞掉了轻松的工作，创办了一家非营利组织——可汗学院（Khan Academy），其使命是：向世界各地的学生免费提供世界一流的教学资源。萨尔首先对现状进行解构，然后进行评估，从而总结出改变的见解和想法，继而从头开始重建教育。可汗学院想要建设一个大型线上图书馆，涵盖 36 个语种的免费视频课程，且授课教师均是有趣且专业的人士。一方面，学生可以按照自己的节奏学习，按照自己的意愿反复听课。另一方面，这种方式还能促使教师改变教学模式，把时间花在与学生的密切合作上，而不只是进行传统的授课。

萨尔解释说："在传统模式中，教师的大部分时间都花在讲课和评分等事情上。他们或许只有 5% 或 10% 的时间坐在学生旁边与他们一起学习。而现在，他们所有的时间都可以用在与学生共同学习上。我认为,我们正在使课堂更加人性化,可能是以往的 10 倍。"

可汗学院以教育心理学家本杰明·布鲁姆(Benjamin Bloom)1968 年提出的掌握学习法为基础,为学生和教师提供了先进的学习理念。该理念指出,学生在学习下一阶段的内容之前必须证明自己已经掌握了既往的学习内容,避免出现持续的知识缺口。萨尔将传统的学习漏洞称为"瑞士奶酪",并坚信学生如果能够认识并填补这些漏洞,将会受益匪浅。

在可汗学院中,学生在学习了一定的概念后会进行在线测试,并且只有连续正确回答出所有的问题后才能晋级。这可能听起来非常困难,但实际上非常友好,是确保学生不会错过可能使未来学习变得困难或失败的核心原则。测试完成后,系统会通过丰富多彩的在线成绩单的形式跟踪测试结果并向老师报告,使老师能够聚焦于每个学生的具体需求领域。

如今,可汗学院取得了惊人的成绩。在最近一项针对费城 1000 多名四年级学生的研究中,与没有参加可汗学院的学生相比,平均每周使用可汗学院系统 30 分钟的学生,达到州级标准的可能性高出 2.5 倍以上。

在加利福尼亚州的长滩市,5348 名中学生以每周 1 节课的频率加入可汗学院的数学课程,结果智能平衡数学评估量表分数提高了 22 分。与没有参加可汗学院的学生相比，参加过的学生完成课程后的平均成绩是地区平均水平的两倍。2019 年，有 270 万学生加入了可汗学院 SAT（美国高考）预备课程，仅参加了 20 个小时的课程，平均成绩就提高了 115 分。

如今，每月有超过 1700 万学生学习可汗学院的课程。仅在 2019 年，该平台就为全球渴望学习的人提供了长达 87 亿分钟的免费课程。

萨尔用不破不立的方式解决了如此重要的问题（全球教育危机），所以他能够获得必要的资金来实现自己的愿景。如今，该组织获得了 8500 万美元的捐赠基金，并继续解构教育，帮助培养更多的学生。

不破不立的心态也同样适用于你所遇到的很小的挑战。你可以解构、审查和重构自己面试新求职者的方式、准备客户发票或在当地市场打包购物袋的方式。无论你要发明新的视频游戏、为了提供员工的专注度重新布局办公空间，还是对装满建筑用品的长途卡车进行负载平衡，在你摒弃传统方法的同时，就会出现渺小而伟大的突破。

在第九章中，我们将探讨日常创新者的第五大理念——打破常规。让我们做好准备，勇敢地制造一些"麻烦"吧。

第九章
打破常规

在洛杉矶的市中心，热切的粉丝们大排长队，队伍连续排了两个街区。你或许觉得这群狂热的粉丝正等着买泰勒·斯威夫特的演唱会门票，然而并不是，这些粉丝正在排队购买 40 美元一件的 T 恤。

欢迎来到约翰尼的世界，他是全球极具标志性的服装品牌之一背后的恶作剧者。他被《波士顿环球报》评为最佳零售创新者，并被《彭博商业周刊评》评为最杰出的青年企业家。知名商学院撰写了多篇关于这位"无礼"的梦想家的案例研究，他在波士顿、洛杉矶、伦敦等地的门店出现，经常需要警察维持现场的秩序。听了这么多对他的介绍，你或许会认为他是技术大师或摇滚传奇，但实际上……约翰尼只是从事 T 恤制造行业。

约翰尼的外形看起来像一个年轻而健康的"超级玛丽"，

他拥有着与威利·旺卡（Willy Wonka）[1]一样传奇的想象力。虽然语速很快，但说话之前他已经经过了深思熟虑。他脸上永远挂着笑容，身上总有一股门店里散发出的香草味。约翰尼在我们开始谈话时笑着说："我以'骗人'为生。我拥有一个T恤品牌和几家T恤商店，但实际上它们的外观和气味更像是一家面包店。人们要穿过一个巨大的'烤箱'才能进入我的门店，这是商店的秘密入口，但我们不出售任何食物。相反，我们在'工业冰箱'内展示T恤。用糕点盒代替购物袋，店里也有糖霜的味道。我们通过讲故事、换包装和创造独特体验的方法让顾客感觉自己再次回到了孩童时代。"

波士顿的纽伯里大街上坐落着数十家高档餐厅、艺术画廊和特色冰激凌店，毫无戒心的顾客经常排队进入约翰尼的"面包店"寻找甜点。蒸汽从"烤炉"中升起，客人们聚集在冷藏展示柜周围，过了一会儿才发现这是一场恶作剧。至少一半的新顾客会微笑自拍，然后买走一件40美元的T恤；而另一半则生气地离开商店。但所有人离开后都会向周围的人分享刚刚发生的故事。约翰尼告诉我："实际上那些心烦意乱离开的顾客才是谈论我的品牌最多的人。有人会说，'嘿，这就是弗兰克叔叔讨厌的那家店。我们也进去看看吧，然后他们买下一件T恤离开了。"

---

[1] 小说《查理和巧克力工厂》中的角色。——译者注

在高度商品化的行业中，他的品牌拥有一群狂热的追随者，成为一个发展迅速、广受欢迎的品牌。他在一个竞争者众多的行业中取得了巨大的成功，这都直接得益于日常创新者第五大理念：打破常规。

我们大多数人都会在普遍接受的可能性范围内做出大大小小的决定。我们已经在自己的左右两边安装了"护栏"，确保我们不会偏离太远，避免遭遇不良后果的影响。然而，与直觉相反，稳妥行事却是最危险的举动。虽然我们这样做可能不会被嘲笑，但会面临更大的风险，或许会成为平庸且无足轻重的人。为了打破这一局面，日常创新者都会逼迫自己探索意想不到的事物。他们不接受显而易见的想法，而是支持非正统的观点，因为他们意识到，那些古怪、奇特、离奇的想法才是真正能脱颖而出并创造历史的想法。就像约翰尼一样，日常创新者希望能够打破常规。

约翰尼是一个错综复杂的矛盾螺旋。他在20岁出头的时候，就加入了一支重金属摇滚乐队，但直到今天，他从未喝过一口酒，也没有抽过一支烟。在数字时代，他收集老式打字机。约翰尼在高中时做起了糖果生意，他的纸杯蛋糕店只在愚人节才出售真正的纸杯蛋糕。他笑着说："当我的朋友们在派对上玩乐时，我却在工艺品集市上闲逛。"所以当要创业的时候，他自然就选择了枯燥、竞争激烈、高度商品化的T恤行业。

理性地说，普通人肯定不想涉足 T 恤行业。如果你想做高端品牌，那就需要与拉夫·劳伦（Ralph Lauren）、露露乐蒙（Lululemon）和古驰（Gucci）等市值数十亿美元的品牌竞争。如果想做低端品牌，那就要打价格战，与血汗工厂的劳动力和令人不安的腐败供应链竞争。要想脱颖而出，你必须投入大量的广告预算。约翰尼意识到，只要他打破常规的界限，就能脱颖而出。为此，他和团队使用"蛋糕愿景"大胆地脱颖而出，所以他们根本不会被忽视。从 T 恤设计到店铺布局再到营销噱头，每一个决定都必须通过古怪测试。

在万圣节期间，所有门店白天关门，只在深夜出售 T 恤。零售店被改造成鬼屋，配有恐怖音乐、烟雾机和爆米花。在假期到来之前，该团队会为一些不存在的电影制作电影预告片，例如《铲子伯爵》（Count Spatula）或《双头僵尸大厨的崛起》（Rise of the Two Headed Zombie Chefs）。这些主题随后成为联名款 T 恤，包装进可收藏的磁带盒中。

约翰尼接着说道："我在克雷格列表网站上找到了一个怪人，他愿意以 220 美元的价格租给我一辆真正的灵车和一口真正的棺材。当新闻媒体来到我的店铺，想调查为什么一家不卖面包的面包店里出现了一辆灵车时，我就获得了价值数十万美元的免费宣传。街上排着长队，顾客等着进店参观。"

几年前，约翰尼举办了"世界冰激凌之旅"的活动，他租了一辆冰激凌卡车，开着这辆移动的 T 恤商店前往全国各地宣传。衬衫被装进巨大的冰激凌桶中,让这次实验变得有趣且令人难忘。还有一次,他打扮成妖精,躲在波士顿地区一些人家里后院的灌木丛中。约翰尼会在社交媒体上发布他的行踪,每次被发现后就迅速更新他的帖子。约翰尼假装用爱尔兰口音笑着说:"如果你从一个藏在别人家院子、留着胡子的小伙子那里得到一件印着图案的 T 恤,你肯定会分享这个故事。"

约翰尼利用了大量幽默和惊喜的元素,使得他的经营成果和其恶作剧一样引人注目。据业内人士透露,制造一件 T 恤的平均成本只有 3.15 美元。相比之下,约翰尼品牌的 T 恤售价在 35~60 美元,特别版 T 恤的售价甚至超过了 400 美元。

凭借其孩子般的顽皮,这个挑衅者总是从烘焙的视角寻找新的方法为自己品牌注入搞怪的元素。"我的名片闻起来有一股香草糖霜的味道,我会把我的名片和汽车清新剂一起装在密封袋中,所以我的公司现在也开始生产和销售汽车清新剂。"

"如果你从网上购买我的产品,打开包裹后可能会发现一些奇怪和意想不到的东西。"约翰尼狡黠地笑了笑,告诉我说,"我喜欢这样做。我们会随机发放赠品。你可能会收到一张免费的贴纸,或者收到 T 恤的同时可能会收到 20 美元的钞票,抑或是一个洋娃娃的头、一包电池、一张手写的便条、一张老式的新街边男孩或忍者神龟的卡片。"

这个古怪的爱搞恶作剧的人一开始并没有启动资金，没有接受过任何的正规培训，也没有行业从业经验，却利用自己的搞怪方式创办了一家非常成功的企业。这种出乎意料的方法同样也可以为我们所有人带来不错的结果。

或许鉴于你的职业或个性特征，搞怪的恶作剧可能对你而言并不适用，但我们都可以通过适合自己的方式打破常规的界限。如果你经营一家汽车经销店，那么你打破常规的方式是要求店内的销售人员穿着纳斯卡连身赛车服，而不是要求他们穿芥末色涤纶格子西装。如果你在家附近开了一家意大利餐厅，可以在每位客人用餐完毕后分发脆饼口味的幸运饼干。每个人打破常规的方式都不一样，但这也正是这个概念更加诱人的地方。

如果你曾经觉得自己像个怪人，格格不入，觉得自己是个异类或捣蛋鬼，那么这恰恰是你需要坚持的执念。

怪异的好处

从记事起，奥尔加·卡赞就觉得自己像个局外人。在她3岁时，她的家人就从俄罗斯的圣彼得堡搬到了美国得克萨斯州的米德兰。在她4岁时，因为在吃葡萄干之前没有向耶稣祈祷而遭到一位老师的惩罚。她记得自己当时感觉很困惑，很想知道："每个人都在谈论的耶稣究竟是谁？"

在和我谈论打破常规的话题时，奥尔加向我解释说："我一直觉得自己像个局外人，在任何事情上都觉得自己是个边缘人物。"于是，她执着于变成一个格格不入的人，并为此进行了为期5年的研究探索，最终完成了广受好评的著作《怪人：在局内人的世界里做一个局外人》(*Weird: The Power of Being an Outsider in an Insider World*)。她开始研究怪异对创造力、人际关系、职业、健康和幸福的影响。

奥尔加得出的结论是，略显怪异的确是一种优势。她解释说："那些认为自己是局外人的人会有更强烈的同理心，并愿意从多个角度看待某个问题。事实上，有大量社会科学研究表明，一个古怪的人或被社会排斥的人可以激发一个人非凡的创造力。人们不断地发现，那些不够合群的人往往更具有创造性思维。"

约翰霍普金斯大学教授莎伦·金（Sharon Kim）进行了一系列实验来验证这一理论。她邀请学生参加了一项实验，但在他们到达实验场地之后随机拒绝了其中一半的学生。金教授向一半的学生们解释说，他们没有资格参与实验，因为他们不属于这个群体，借此想让这半数的学生有种被冷落的感觉。

鉴于这一半的学生已经到场，所以他们在被排斥后，被要求完成一些创造力测试。完成测试后，金教授将分数制成表格与未被拒绝的对照组进行比较。最后，被冷落的参与者的表现明显优于受到热烈欢迎的参与者，这表明那些感到自己被冷落的人更愿意承担创造性风险并乐于挑战自己想象力的极限。实验证明，被排斥和创造力之间存在一定的关联。

这让我不禁猜测，至少在某些时候，有多少人不觉得自己是被排斥的人？我们的头脑欺骗我们，认为我们是唯一的局外人，而实际上不合群的人远远多于合群的人。似乎其他人都已明白其中的道理，表现出坚定的归属感，未曾表示过任何的质疑。一直以来，那些觉得自己大多数时候都合群的人，就像躲在波士顿灌木丛中送T恤的人一样罕见。与其因为自己的不合群而感到难过，不如为此欢呼庆祝。我们所有人多少都有些怪异，至少在某些时候有些怪异。当我们意识到这一点时，我们离实现渺小而伟大的突破又近了一大步。

奥尔加提到了休斯敦大学的罗迪卡·达米安（Rodica Damian）教授所做的另一项研究。达米安教授相信不寻常的经历可以激发人的创造力，所以她做了一个简单的实验。随机找到一组受试者，她让一半的受试者戴上虚拟现实眼镜，体验一个重力颠倒的奇异世界；而对照组则没有体验这样的乐趣。在虚拟现实体验结束之后，两组都要接受标准的创造力测试。结果如大家所料，体验重力颠倒的那组受试者创造力得分明显更高。这个例子的关键是，所有参与者在实验中都体会到了高度的陌生感，这种陌生感帮助受试者与他们内心的怪人联系起来，这也是导致受试者创造力提升的原因。

撇开我们所有人都有点怪异的观念不谈，你甚至不需要变得怪异也能"异想天开"。奥尔加解释说："无须生活在异国他乡，生活在不同寻常的思维模式下的人也能提高自己的创造力。"简单来说，"打破常规"就是挑战自己，探索古怪的解决方案，而不是快速接受显而易见的答案。奥尔加建议我们为了打破常规，可以质疑自己已知的智慧，挑战既定的规范。在我们结束对话时，她解释说："打破常规非常有必要。"这让我感到非常宽慰，我的怪异实际上是一种财富，而不是一种负担。

既然我们知道了为什么突破常规的思考是有意义的，那么接下来让我们重点关注与此相关的实际技巧，是时候变得怪异了！

收获怪异

或许你称其为不守规矩、奇特或者标新立异，但创造性的方法都打破了规范、规则和期望。我们已经准备好了开始构思新的想法，我很高兴能分享一些我最喜欢的非传统但非常有效的构思技巧。你的头脑中现在或许已经有数百个怪异但出色的想法，我们在此重点介绍的是一些有趣的提取技术，可以帮助你把头脑中的想法表达出来。

坏主意头脑风暴

发现完美的想法会面临巨大的压力，很容易使我们陷入困境。若想摆脱困境，不妨尝试进行一次头脑风暴，寻找解决问题的最糟糕的想法，而不是最好的想法。把你能想到的每一个可怕的、非法的、邪恶的、不道德的或糟糕透顶的想法都列举出来。在你列举出所有的坏主意之后，再做第二轮的反思，反思所有堕落的概念，看看是否有一些坏主意可以转化为好主意。糟糕的想法会将你的创造力推向未知领域。然后，我们只需改进和调整那些糟糕的主意，直到它们变成金点子。

世界第一

在本练习中，你在头脑风暴后得出的想法只能以"世界第一"为开头。也许你创造出了世界上第一个无人机保险单，或者世界上第一家3D打印的汉堡店，抑或是世界上第一家在客人进店时强制性为客人提供热巧克力曲奇的酒店，而这正是逸林连锁酒店的做法，正是这个简单的想法使该连锁酒店品牌在高度商品化的酒店行业中占据了强大的竞争优势。总结出以"世界第一"为开头的想法，能够把你的创造力水平提升到新的高度，并帮助你大胆地尝试新的可能性。

角色风暴

与其独自进行头脑风暴（并对产生的任何想法负全部责任），你也可以同时扮演不同的角色借此进行头脑风暴。换句话说，你可以从不同角色出发构思出新的想法。首先，选择一个角色——从电影明星到疯狂的科学家，从反派角色到体育英雄——假装自己是该角色并从该人物的角度出发进行头脑风暴。这种方法可以帮助你从全新的角度看待某个问题或机会。乔布斯将如何解决手头的问题？杰斯将如何解决手头的问题？角色风暴是非常有效、有趣的方法之一，它能在帮助你消除恐惧的同时产生惊人的想法。

单手切牌

首先，你需要列举出自己惯常会使用哪些传统的方法应对自己面临的挑战。你以前都是怎么做的？行业资深人士的首选方法是什么？主流的传统观点是什么？接下来，在这部分的下方画一条线，并逐一写出与每个传统方法截然相反的方法。例如，如果你销售汽车并希望实现利润最大化，你可以把痛苦的客户议价转变成制定一个不讨价还价的固定价格。如果其他理发师按次收取费用，你可以翻转成按月计费，每月不限次数。推动自己探索与传统方法完全相反的方法有助于唤醒你的创造性直觉，把你面临的挑战、机遇和威胁翻转成大胆的新发明。

选项 X

当我们做出一些大大小小的决定时，经常会迅速缩小选择的范围。我们的大脑会从众多的可能性中迅速缩小到一个选项极少的列表：A、B 或 C。所以，我们几乎把所有的决定都变成了一道有 3 个选项的多项选择题，但这 3 个选项均来自过去的参考点。与其冲动地从 A、B 或 C 中做出选择，不如问问自己："有 D 吗？有 E 吗？最好是问问自己，是否有选项 X？"选项 X 是大胆、挑衅、出人意料、奇异的想法，或许能够成为你苦苦寻觅的打破游戏规则的选项。所以，在本次练习中，你需要通过头脑风暴得出最奇怪的想法，而不是最安全的想法。

世俗怪异

让我们快速环游世界，看看为何打破常规对日常创新者而言是一种成功的策略。让我们一起看看表 9-1 中列举的古怪选项 X。

表9-1 问题及解决方案示例

地点	问题	显而易见的解决方案	奇怪的解决方案
冰岛伊萨菲尔德	在过去10年中,涉及行人的交通事故率增加了41%,其中多数是因为鲁莽的司机无视人行横道造成的	提高罚款、加装昂贵的照明设备、聘用更多的警察	利用3D光学错觉技术重漆人行横道,让水泥人行横道看起来像是漂浮在3英尺(约0.9米)高的空中,从而吸引司机的注意,显著降低车撞行人的事故。此外,新的人行横道也非常适合自拍
荷兰阿姆斯特丹	自行车制造商在向客户运送自行车时,面临极高的运输损坏率。随着此问题的加剧,运输成本直线上升,客户满意度直线下降	提高外包装的成本和保护效力、聘用优质的白手套运输公司	自行车包装好后,外观和LED电视包装的大小和重量几乎相同。但LED电视运输损坏较低,所以自行车制造商将自行车的外包装伪装成电视机的包裹,运输人员从外观认为以为是在运输LED电视而不是自行车。只是在外包装上多费了一点心思,运输损坏率降低了65%
日本东京	苍蝇问题一直是困扰养牛业的一大麻烦,因为牛不会像马那样把苍蝇赶走。苍蝇会干扰牛的进食和睡眠,给牧场主造成了重大的经济损失	购置昂贵的高科技灭虫设备或有毒性的杀虫剂	研究人员发现斑马之所以不会被苍蝇咬伤,是因为它们的黑白条纹会干扰苍蝇的深度知觉。所以,研究人员用无害的有机油漆在牛身上涂上了和斑马一样的黑白条纹。苍蝇叮咬的情况减少了50%以上,如果全球的养牛业均采纳这个解决方案,将节省22亿美元

续表

地点	问题	显而易见的解决方案	奇怪的解决方案
新加坡	在繁忙的大都市，加油站通常人满为患。因此，当司机未能把车的油箱口和油泵停在同一方向时，懊恼的司机需要重新调整车辆的位置，所以常常会出现耽误时间的情况	加装油泵，聘用服务员为司机引导正确的路线	安装顶置泵和活动的悬挂软管，使油管可以连接到车身的任何位置，从而彻底解决此问题
韩国首尔	在杂货店买香蕉经常让人左右为难，一串成熟的黄香蕉很美味，但很快就会坏掉。青香蕉下周或许很美味，但这几天还不能吃	买两串香蕉，却发现大部分都被浪费了	韩国零售业巨头易买得（E-Mart）推出了一组7根香蕉的套餐，按照成熟度进行排列。这种"每天一根香蕉"的套餐不仅取悦了客户，也减少了浪费，同时大幅提高了销量和利润
美国密苏里州堪萨斯城	弗兰克·塞拉诺（Frank Serano）对自家门外马路上的一个大坑感到非常苦恼。尽管他抱怨了无数次，问题却依然没有得到解决。弗兰克担心有人会受伤或车辆被损坏	继续抱怨，组织社区请愿活动	弗兰克为这个坑举办了一个生日派对，在坑边上放了一块彩色蛋糕，点上蜡烛，对着有坑的路面唱"生日快乐"。弗兰克把这段有趣的庆祝视频发布到网上，迅速引起了数千名观众的围观，也引起了城市道路委员会的关注。不到24小时，这个坑就被填平了

续表

地点	问题	显而易见的解决方案	奇怪的解决方案
德国法兰克福	约会网站希望吸引更多单身男女，借此扩展公司的业务规模，但推进这项工作的营销预算非常有限	举办昂贵的舞会，或者放任公司业务增长缓慢	制作数百只印着"Auch single？"的白袜子，翻译过来就是："你也单身吗？"并用红色加粗字体印上公司网址。接着，安排实习生去当地的公共洗衣店，把袜子偷偷放进洗衣机里，继而被潜在的单身顾客发现

第一章中所列举的一项研究已经清楚地表明，我们每个人都有大量的亟待被开发的创造力和意想不到的想法。每个人都富有创造力，创造力是人类的自然状态。既然我们已经掌握了一些全新的提取技术，那就准备好实现大量渺小而伟大的突破吧！

麻烦制造者

收件人：达斯汀·加里斯先生

发件人：宝洁公司人力资源部

主题：违规行为

尊敬的加里斯先生：

请您务必立即停止在宝洁公司任何办公大楼、生产基地或配送中心内骑赛格威（Segway）平衡车。公司没有任何规章制度允许员工在办公区域内骑行赛格威平衡车，因此，请您立即停止相关的违规行为。

达斯汀被这封邮件激怒了。作为宝洁公司的前任创意总监兼"首席麻烦制造官"，达斯汀做了如下的回应："等等，什么？由于此前没有人在办公区域内骑平衡车，并且没有任何的规定禁止相关行为，所以默认的立场是我们不能这么做？难道我不应该尝试新的东西吗？"

达斯汀自豪地展示着这些年来他从人力资源部门收到的诸多警告信。收到这些警告信后，他都会立即装裱起来，挂在办公室墙上显眼的位置。他被警告的原因包括，曾与一群歌剧演员开会、将办公室搬进正常运转的电梯内、在工作时间骑一头重达1800磅（约816千克）的公牛。无论是在新加坡蒙眼吃饭，还是在印度尝试水桶浴，达斯汀从来不怕惹麻烦。最开始，"麻烦制造者"的头衔只是同事们对他的称呼。最后，这家拥有183年历史的企业正式任命达斯汀·加里斯为公司"首位首席麻烦制造官"。

在担任高级营销职务几年后，达斯汀加入了新成立的名为宝洁未来工程的创新团队，后来他担任了这一团队的领导职位。未来工程团队的任务并不只是传统意义上专注于产品的研发工作，而是重新构想公司的未来，探索新的业务领域、细分市场和客户。

达斯汀解释说："未来工程是公司的创业引擎。它是'麻烦制造者'茁壮成长的中心，扩展了公司对于商业模式和新产品的规范和期望。在这个创新团队工作，我被允许释放自己的创造力和探索所有不同的方法，能够从全新的视角审视公司，打破宝洁的惯常做法，不受任何先入为主的观念的限制。"

在一家规模庞大、保守、市值680亿美元的公司中，达斯汀和他的团队勇于打破常规。他们仔细研究了宝洁旗下的所有品牌，寻找出人意料的创新方式。未来工程的团队发现，数以百万计的消费者在家中使用汰渍洗涤剂洗涤衣物，因此团队创办并推出了汰渍洗衣店，这是宝洁第一个独立的消费者业务。汰渍洗衣店打破了典型的夫妻店经营模式，利用"自动取款机"技术提供一天24小时不间断的取衣服务。高科技和专业化的体验给汰渍洗衣店带来了非凡的口碑，并迅速吸引了大批客户，这让扎根于该行业的竞争对手感到非常恐惧。如今，汰渍洗衣店已经在美国22个州拥有125家门店，这对有74年历史的汰渍品牌来说更是一种成功的延伸。

在汰渍洗衣店成功的基础上，达斯汀和团队利用洁碧先生品牌推出了连锁洗车场业务。在亚洲，他们用宝洁的高端护肤品牌SK-II的名义开设了水疗中心，甚至参与了一个在印度各地开发清洁饮用水和远程医疗中心的项目。所有这些活动的共同之处在于突破界限，做一些最初看起来相当奇怪的事情。达斯汀向我解释说："很多时候，人们在认知发展的过程中，自动忽略了发展自己的想象力，而转变这一观念才是释放出色创意的关键。"

早在加入宝洁公司之前，达斯汀就已经是个"麻烦制造者"了。他回忆起大学毕业后第一份工作的经历，当时他在可口可乐公司工作。"我记得当我还是可口可乐公司的一名员工时，我被邀请参加公司首席执行官出席的会议。会议结束后，我在走廊追上他，并告诉他，我会是他未来的接班人。"我当时只是一个20多岁的青年，但我却有胆量说了一些引起他注意的话。所以在这之后，我们一直保持联系。随着我们对彼此更加了解，我提出想要创立一个我梦寐以求的新职位，即全球创新者的职位。我能够借此环游世界，探索不同的创新项目。他签字同意后，我就踏上了我的创新之旅！

达斯汀接着说："我们总是回避而不是努力去追求一个看起来完全不切实际的项目。如果你真的把自己置于那种境地，你就会明白该如何实现。"为此，达斯汀经常将自己置于需要采取非正统策略的不确定、混乱的境地。因为对于达斯汀而言，打破常规才能赢得胜利。

达斯汀很高兴有机会作为一名传奇创新者表达出自己的创造力。宝洁公司以多产的创新而闻名，拥有众多开创性的发明，如第一款一次性尿布（帮宝适）、第一款含氟牙膏（佳洁士）和第一款合成洗衣粉（汰渍）。毕竟，正是这些疯狂的科学家才有了宝洁的清洁品牌速易洁（Swiffer）。坦率地说，如果没有速易洁，我不知道该如何度过每一天。

但在 2010 年，当达斯汀加入未来工程团队时，正是宝洁迫切需要重启创造力的时刻。早在 21 世纪初，公司的创新项目中只有 15% 达到了既定的成功目标。在当时的首席执行官领导下，公司一直专注于通过建立创新工厂来扭转公司的命运。公司不仅投入了巨额的资金，还专注于打造全公司的创新文化。

宝洁公司的领导者知道他们不能再依赖过去的模式，所以他们改变了策略，实现了大量的渺小而伟大的突破。例如，汰渍品牌在不到 10 年的时间里，通过一系列小的胜利而不是一次巨大的转型，就实现了收入从 120 亿美元到 240 亿美元的增长。除了前面提到的汰渍洗衣店业务之外，宝洁还向消费者推出了汰渍快速去污笔、去渍湿巾、汰渍织物抗菌喷雾和汰渍洗衣球等产品。虽然每一款新产品刚刚问世时都令人感觉很奇怪，但它们都没有完全背离该品牌对织物清洁的核心关注。取而代之的是，这些奇怪的小创意共同书写了这个传奇品牌的巨额增长的故事。

2009 年，时任首席执行官鲍勃·麦克唐纳（Bob McDonald）表示："纵观品牌的历史，虽然促销可能会使我们赢得季度性的胜利，但创新会让我们领跑数十年。"麦克唐纳承接前任的创新努力，继续向未来工程以及其他的研发项目投资。高度的关注注定会取得瞩目的成果，宝洁的创新成功率从最开始微不足道的15%提高到50%，创造了业界史无前例的成功率。10年间，宝洁的收入翻了一番，利润翻了5倍。

宝洁公司秉承其创新的传统，继续开拓新的领域。例如，帮宝适全新的"Lumi"婴儿监测系统不仅为父母提供可靠的视频和睡眠监测，还使用传感器监测房间的温度、湿度，甚至能够掌握婴儿尿布的干湿状态。新的欧乐B（Oral-BiO）电动牙刷可以连接你的手机，如果你刷得太用力，系统则会向你发出提醒，提供更优质的清洁指导。吉列特·雷奥（Gillette Treo）剃须刀是第一款专为护理人员帮助他人剃须而设计的剃须刀，包含内置剃须凝啫喱、带安全梳的刀片，以及专为护理人员而不是普通消费者设计的手柄。

早在达斯汀开始在宝洁"惹是生非"之前，该公司除了生产产品之外，也会提出一些奇怪的概念。比如，宝洁是第一家与工厂工人进行利润分成的包装消费品公司，第一家提供产品样品的公司，也是第一家在公司内部建立市场研究部门的公司。该公司甚至是最早赞助日间电视剧的公司之一，这也正是这些无聊的节目被称为"肥皂剧"的原因。虽然如今我们会觉得这些策略似乎司空见惯，但在当时它们就像达斯汀的某个花招一样怪异。

德国哲学家叔本华有句名言："所有的真理都要经过三个阶段。首先，被嘲笑；继而遭到激烈的反对；最后，被理所当然地接受。"这句话给我们的重要启示在于，那些有勇气追求怪异的人往往就是那些创造历史的人。

现如今我们觉得离不开的某些发明，如果从这些发明问世前10年的视角来反思这项发明，会觉得非常荒谬。想象一下，在1997年，人们会觉得对苹果手机的描述简直不可思议。如果你试图在1989年向某人解释谷歌，他们会建议你立刻去看医生。在电视机问世之前的1920年，如果你向某人描述电视节目，对方会觉得非常荒谬。

怪异推动社会向前发展，怪异促成成功，怪异会创造必要的改变，怪异能够解锁创新，怪异能够起到不俗的作用。

说完了打破常规的这项理念后，让我们快速地过渡到日常创新者的下一个理念——发挥所有潜能。我们将探讨一家生产电动摩托车的初创公司、重点的研究型大学、机器人艺术家和肯尼亚长跑运动员如何在资源有限的情况下保持昂扬的斗志、事半功倍，取得不俗的成就。

第十章
发挥所有潜能

在柏林举办的某个户外音乐节上，朋克金属乐队为成千上万尖叫的歌迷表演了一场电子音乐表演。贝斯手弓着身子抱着乐器有节奏地摇着头，手指精确地敲击着乐器的粗弦。鼓手瞪大了眼睛且张大了嘴巴，镲片与低音鼓步调一致，脉动的节拍继续敲打。一声意想不到的电子笛声穿透了人群，笛子的演奏者演奏了一段令人振奋的独奏，把音乐推向了高潮。音乐很好听，但这并不是让听众着迷的唯一原因。这场表演令人兴奋之处在于，这些栩栩如生的音乐家实际上是用垃圾场回收的零部件做成的机器人雕塑。

这些音乐金属雕塑是柏林艺术家柯里亚·库格勒（Kolja Kugler）的心血之作，他用废品制作艺术品已有 25 年的时间了。他谦虚地解释说："我没有受过任何的训练，我所有的作品都非常粗糙。"20 世纪 90 年代初，他加入了一个名叫"Mutoid Waste Company"的艺术团体，这是一个将被淘汰的废品改造成雕塑的一个艺术家团体，自此他开始从事与废金属有关的艺术创作。他学会了如何焊接、固定，但更重要的是，他学会了在别人认为毫无价值的物体中发现美好的本领。大多数人看到一堆废金属只会觉得这是一堆废物，但柯里亚逐渐看到了鸟，然后是狗，最后是人形雕塑，最终组成了他的"摇滚乐队"。

他说："我把找到的一些废旧的钳子改造成了看起来非常可怕的颅骨。用钳子做下颚，这样就可以打开和关闭嘴巴。我用废品做雕塑，并且选用那些移动的机械部件，这样人形雕塑就能活动。"为了使自己创作的雕塑作品活动起来，他开始研究空气动力学，即一种使用压缩空气产生机械运动的工程系统。于是，柯里亚学会了用开关打开和关闭钳口，扩宽了创造性表达的可能性。

柯里亚把回收的零件与空气动力学进行了融合，于是一个有爱的"孩子"诞生了，他的名字叫埃尔顿·容克（Elton Junk）爵士。柯里亚为了能使他的机器人朋友更加栩栩如生，在接下来的 10 年里一直在研究埃尔顿的四肢、手臂和头部。他痴迷于将废品转化为艺术，并最终转化为音乐。他一直在好奇，自己能否用废品创建一个能够进行巡回演出的机器人金属乐队？于是，他开始了自己的探索。

随着柯里亚研究的不断深入，他开始逐渐赋予这些可移动的雕塑机器人独特的个性。如今，埃尔顿·容克爵士已经是乐队的经理，他坐在一辆破旧的购物车里，在舞台上监督乐队的表演。在逐步完善了埃尔顿的制作之后，柯里亚开始制作乐队的第一个演奏成员。柯里亚解释说："我的雕塑不仅要会演奏贝斯，还要有好看的外貌。我正在研究如何在力学和雕塑之间取得平衡。我花了4年时间，期间也被吓坏了好几次。"

贝斯手阿弗里金身体的大部分零件是柯里亚用自己在垃圾场回收的助力车的零部件制成的。机器人的下巴曾经是一辆大众高尔夫汽车上的零件，而他的鞋子是用宝马阀门盖垫圈制成的。他的腿是用废弃的煤钳和街灯罩做成的，这些零件都是柯里亚在哥本哈根的一条小巷子里找到的。雕塑的上腹部由一根坏掉的电视天线制成，完美地展示了贝斯手的硬核性格。

鼓手是碎石埃因霍恩。柯里亚自豪地说："他现在是我做出的最复杂的机器人。"栖息在半锈的电视天线上演奏长笛的一群机械鸟被称为"长笛鸟群"。尽管没有资金、设备和新材料，但我并不觉得柯里亚缺乏创意。

在音乐会期间，柯里亚操纵开关、刻度盘，还有一个老式电子键盘来遥控这支疯狂的乐队。但表演经常会出现技术故障，这就迫使这位大师必须亲自上台，在崇拜他的粉丝面前现场维修。

如今，柯里亚是一位备受追捧的名人，并俘获了世界各地的艺术鉴赏家和工程爱好者的心。他的作品被国际媒体报道，追捧机器人乐队的粉丝比追捧大多数专业乐队的人还要多。柯里亚正是利用日常创新者的第六大理念——发挥所有潜能才促成了创造性表达和非凡的成功。

当我们大多数人想到创新时，会迅速在脑海中列举出自己缺乏的所有资源，如缺乏足够的时间、金钱、原材料、支持、带宽、计算能力、培训或人员。我们允许以明显的资源匮乏为借口来哄骗自己，认为自己无法进取；但事实上，事半功倍才是富有创造力的表现。日常创新者意识到自己需要用昂扬的斗志、内心的想象力资源来弥补外部资源的不足，他们意识到资源上的限制比资源丰富更能激励自己取得突破。他们通过保持饥饿，发挥自己的所有潜能，来击败早已饱腹的竞争对手。

如果柯里亚拥有国防承包商规模的预算和来自美国航空航天局源源不断的材料供应，他制作的机器人朋克金属乐队根本不会有什么特别之处。事实上，如果他有丰富的资源，那么根本不可能创作音乐雕塑。现实的情况一次又一次表明，最成功的创新往往源自稀缺性，这样说来，对我们这样没有信托基金、安全保障或富足心态的人来说，反倒是一种安慰。从渺小而伟大的突破到改变世界的创新，创造者和制造者都能发挥自己所有的潜能取得成功。

在过去，你的父母在没有约会软件的情况下也能建立关系。虽然我多花了一年的时间，但最终还是在抛开手机、笔记本电脑甚至电子邮件的情况下顺利从大学毕业。海明威在没有微软文字处理软件的情况下依旧能写出经典的书籍。发挥所有潜能是为了充分利用自己现有的资源取得成功，避免让自己缺乏的资源阻碍进步的脚步。15世纪晚期，人们提出的"需要乃发明之母"这句格言在今天依然适用。事实上，创新的基础恰恰在于用有限的资源发明出新的解决方案，因为两根木棍摩擦才能释放出第一簇可控的火焰。

大力胶和回形针

从我看到《百战天龙》（*MacGyver*）中的主人公马盖先（MacGyver）使用烛台、延长线和橡胶垫临时制作出简易的除颤器挽救一个人的生命时，我就被这个节目迷住了。无论是用消音器、换挡旋钮、坐垫填充物和打火机制造一个临时火箭筒来逃避汽车追逐，还是用放大镜、钟表玻璃和报纸制作望远镜，马盖先一直以来都是我心目中的英雄之一。

与西尔维斯特·史泰龙（Sylvester Stallone）在《第一滴血》（*Rambo*）中饰演的愤怒士兵或布鲁斯·威利斯（Bruce Willis）在《虎胆龙威》（*Die Hard*）中饰演的硬汉不同，马盖先是靠创造力而不是蛮力来拯救世界的。如果用口香糖、橡皮筋和手电筒就能完成任务，为何还要用炸药？他出门时不会带枪，而是带着能给他信念的瑞士军刀和一卷折叠的胶带。这位传奇的影视人物有句经典名言："任何问题都可以用一点聪明才智来解决。"无论处境多么艰难，他总是能利用手头有限的资源找到一条出路。

如今，为了纪念他的足智多谋，牛津英语词典将"MacGyver"一词作动词使用，指利用手头仅有的物品通过即兴或创造性的方式制造或修理某一物品。例如，"他用一根圆木改装了一个临时的千斤顶。"我个人最喜欢的《城市词典》(*Urban Dictionary*)将"MacGyver"定义为一个名词，即一个可以用仙人掌启动卡车的人。

"MacGyver"一词直接阐明了如何才能表现出旺盛的斗志。日常创新者利用现有的资源解决他们面临的挑战、威胁和机遇。他们能够想出如何事半功倍的办法，将创造力作为自己的首选武器。所以，当下一次面临严峻形势时，你也可以利用手头现有的资源走出困境。让我们发挥自己的所有潜能，或许只是一两个回形针也能帮助你创造性地取得胜利。

对我来说，多年来不得不面对"MacGyver"的情况，但这并没有限制我的创造力，反而使我的创造力得到了大幅提升。在大学学习爵士吉他时，有一位教授会强制把乐器上的琴弦取下来。在尝试进行音乐表演之前，我必须取下一根，两根，有时甚至是三根琴弦。你或许可能觉得，手头可用的资源突然减少了一半会完全破坏我的演奏能力。但坦白说，这的确让我非常不适,甚至有点反胃,却使我努力学习如何掌握乐器。

当琴弦被取下时,我感到困惑,失去了平衡。最开始,我的演奏非常拙劣,磕磕绊绊,难以完成整首乐曲。但随后发生了一件违反直觉的事情……我的创造力反而因此得到了提升。因为我知道不能再依赖既往的方法,我被迫用完全不同的方式进行音乐表演。我不得不发挥自己所有的潜力,在表演过程中即兴创作,不得不利用现有的资源解决面临的挑战。

我开始意识到以前未曾发现的新组合,不得不发明新的音阶模式和和弦指法,因为我练习了多年的方法如今已不再奏效。随着节奏的加快,我的手指像粗短的锤子一样敲击在破旧的指板上,灵巧性和创造力都得到了提升。

当我完成表演后,我感到异常震惊。虽然我汗流浃背,上气不接下气,但却感到非常兴奋,因为我知道我突破了自己的创意界限。这也增强了我对音乐的信心,我知道尽管我犯了很多错误,也出现了很多失误,但我仍然站在挑战的另一端。这种策略不仅帮助我发现了新的创意,还提升了我对音乐的勇气。

无论你是在跨国集团工作,还是一个个体户,都可能面临资源稀缺的情况。无论你有多少本钱、多少社交媒体关注者、库存或原材料有多少,你都渴望拥有更多的资源。但是，如果你发现自己不可避免地处于资源有限的境地时，那也可以用只有三根弦的吉他继续"摇滚"。让我们用现有的资源打破以往的模式，实现大量渺小而伟大的突破吧。

全力冲刺

1968年的墨西哥城，就像世界上数以百万计的人一样，长跑冠军吉姆·莱文（Jim Ryun）无法相信刚刚发生的事情。鉴于过去3年来，莱文毫无败绩，赢得了47连胜，理应是赢得奥运金牌的热门人选。1500米又是他最擅长的比赛项目，并且最近他又刚刚打破了该项比赛的世界纪录。眼看着另一场胜利就在眼前了……结果意想不到的事情发生了。

吉姆集万千宠爱于一身，但基普乔格·凯诺（Kipchoge Keino）则完全相反，他在肯尼亚的一个小村庄里长大，没有经过正规培训，没有先进的装备，也没有专家的指导。基普乔格日常从事警察的工作，但一直梦想着为他的祖国赢得一枚奖牌。然而，就在两天前，基普乔格在一场比赛中摔倒了，实现这一梦想的前景更为堪忧。

基普乔格在跑10000米的比赛时，感觉腹部疼痛难忍。他在比赛中遥遥领先，但腹部的一阵剧痛导致他屈膝摔倒在地。医生冲进来要求他退出比赛，但基普乔格坚持跑完剩下的几圈，完成了比赛。尽管中途他摔倒了，但仍然取得了第二名。

经过一系列检查后，医生告知基普乔格患有严重的胆囊疾病，并建议他退出所有后续的比赛，立即接受治疗。医生还警告他，如果他继续参加比赛会有致命的危险。当医务人员离开他的床边时，基普乔格根本没有理会医务人员的严重警告，他迅速穿好衣服，搭公共汽车按照原计划去参加奥运比赛。

颠簸的公共汽车让他感受到一阵阵疼痛。加上交通拥堵，公共汽车无法继续前进，基普乔格不想因为交通堵塞错过比赛。他后来在接受采访时说："我意识到我可能会迟到，所以，我跳下大巴，一路跑到体育场，大概跑了两公里的路程。"

尽管剧烈的疼痛会令常人无法忍受，但基普乔格仍未停下脚步。他以极快的速度开始比赛，观众都十分笃定这位年轻的选手很快就会筋疲力尽。但令全世界观众，尤其是世界冠军吉姆惊讶的是，基普乔格的速度从未放缓。他最终以超出对手20多米的优势赢得了比赛，这是该赛事历史上优势最大的胜利。基普乔格不仅创造了世界纪录，而且他的速度非常之快。如果基普乔格没有超越吉姆，吉姆也会创下新的纪录。

基普乔格是如何忍着剧烈疼痛，以决定性的优势击败传奇冠军的？在国际体育媒体得出明确答案之前，基普乔格的同胞们开始在一场又一场的比赛中获胜。在接下来的 30 年里，肯尼亚跑步运动员在这项运动中占据了统治地位，赢得了近 70% 的职业比赛，但肯尼亚的人口只占世界人口的 0.06%。在历史上，男子马拉松前 10 名中有 6 名是肯尼亚人，而女子马拉松前 10 名中有 4 名是肯尼亚人。在最近的柏林马拉松比赛中，肯尼亚男子选手包揽了比赛前 5 名，而肯尼亚女子运动员则获得了比赛的第 1、第 2 和第 4 名。

《体育画报》的高级编辑大卫·爱泼斯坦（David Epstein）开始研究肯尼亚如何能够在"世界上任何地方的任何赛事中集结那么多精英运动人才"。他在 2014 年出版的著作《运动基因：了解迷人运动背后的科学》(*The Sports Gene: Inside the Science of Extraordinary Athletic Performance*)中进行了详细的研究。当爱泼斯坦回顾了数百名肯尼亚长跑冠军的背景时，他注意到绝大多数运动员都来自一个叫作卡伦津的部落。

在整个长跑比赛历史上，只有 17 名美国男运动员在 2 小时 10 分钟以内跑完了马拉松比赛。相比之下，不到一个月（以 2011 年 10 月为基准）的时间，就有 32 名卡伦津运动员用更短的时间完成了比赛。这正是反常的地方，就像得知美国 98% 的杰出国际象棋选手都来自堪萨斯州威奇托的某个社区那样令人困惑。爱泼斯坦开始专注于研究为何如此多来自卡伦津部落的运动员都能跑出这一成绩。

首先，他研究了遗传学方面的原因。如果是因为土著人的四肢很长，脚踝很细，肺活量很大，那为何附近其他数百万非洲人从未赢过一场比赛。随后，他开始研究是否是环境条件造成了部落中的运动员赢得了那么多次胜利。部落里的孩子们从小就要跑很远的距离上学，还要花时间追赶动物来获取食物。但同样，这些并不是卡伦津人独有的特质。

最终，爱泼斯坦找到了答案。原来，卡伦津人跑步比赛获胜的秘诀在于他们在逆境中砥砺前行的能力。就好比油箱见底，车子依然能够全速前进。人也能在痛苦中取得胜利，发挥所有潜能。

卡伦津人从小就被教导要承受痛苦。卡伦津部落的文化崇尚无畏的勇气，同时妖魔化那些屈服于困难的人。他们从小被培养得非常吃苦耐劳，能够忍受极端恶劣的条件。

在部落例行举办的成人仪式上，会让十几岁的男孩和女孩接受一系列的韧性测验。他们被迫赤身裸体地爬过一条由非洲刺荨麻搭建的隧道。过程中，他们会被殴打、烧伤和割伤。据爱泼斯坦说，在仪式上，这些青少年"必须保持绝对的坚韧、淡定和毫不畏惧"。他说："泥巴黏在脸上，然后让它晾干。如果脸上的泥巴出现了一道裂缝，你的脸颊可能会抽搐，额头可能也会皱起来，这样就会被贴上懦夫的标签。"那些无法承受这种仪式的人会被整个社区排斥，并且永远无法重新获得社会地位。

爱泼斯坦认为，卡伦津人忍受疼痛的能力才是他们取得惊人运动胜利的动力。任何耐力型运动员都知道长跑的痛苦，但卡伦津人仍然能够勇往直前。他们认为逆境是一种眷顾，而不是一种诅咒。卡伦津人在逆境中奋力拼搏的能力可以激励我们所有人，尤其是当我们面临不知所措、被欺骗或有缺陷的情况。

基普乔格发挥了自己的全部潜力。正是经历了艰难困苦，他才获得了成功。在大多数竞争对手因痛苦和疲惫而崩溃的那一刻，基普乔格打破了世界纪录。他之所以取得胜利，取决于他的内部资源——勇气、坚韧、坚持，而不是依靠高科技装备、专家指导等外部支持，他甚至还病痛缠身。越是条件匮乏，基普乔格和其他卡伦津运动员越是能够取得更多的成就。他们无视危险的信号，利用手头的所有资源取得一番成就。

缺少什么元素

很多时候，资源的匮乏会遏制我们的创新意愿。我们可能缺乏培训、时间、材料、金钱、人才、库存、技术、土地、仓库空间、办公桌、设备、监管、许可，或一大堆其他方面的不足，这些不足甚至会阻碍我们之中最优秀的人。但我们所缺乏的条件是否恰恰正是我们苦苦寻觅的关键条件，只是伪装成了眼前的障碍？

杰夫·思特（Jeff Citty）肯定也对此抱有同样的观点。杰夫是佛罗里达大学创新学院的院长，是少数愿意积极挑战传统的学者。即使这在任何教育环境中都不是一件容易的事，在极负盛名且保守的大学环境中则更为困难。当人们听到任何高等学校与"佛罗里达"这个词联系在一起时，就会认为学生躺在海滩上晒太阳的时间比在图书馆里读书的时间还要多。但佛罗里达大学是一所重要的研究机构，被《美国新闻与世界报道》评为美国公立大学排行榜的第7名。这所公立常春藤大学是为数不多的与私立常春藤盟校排名相当的大学，但经费只有后者的一小部分。作为佛罗里达大学的毕业生，我可以证明该校课程的质量和严谨性。学校占地2000英亩（约8平方千米），年预算为21亿美元，有来自140个国家的56000名学生。即使这所大学拥有如此大的占地面积，数额如此高的捐款，杰夫还是敏锐地意识到佛罗里达大学缺少了一些东西。

和所有大学一样，佛罗里达大学也存在资源利用的问题。秋季学期申请该校的学生人数过多，而春季和夏季学期的申请人数较少。所以，每年12月有2000名学生从佛罗里达大学毕业，为新学生留下了充足的空间，但秋季学期后申请数量急剧下降。历史上，一学年中有某些月份会存在教师、设施和资源紧张的情况，但在其他月份则会出现资源盈余的现象。这种不均衡的情况很难使全年的办学成本保持一致。此外，考虑到秋季学期资源有限的问题，该大学仅能录取39%的申请者。所以，由于申请的时间不合适，许多符合条件的学生无法被录取。

即使在规模更大的大学环境中，杰夫也发现了许多其他缺失的东西。虽然佛罗里达大学在多样性排名上的得分高于全国平均水平，但在这一关键指标上，它在2718所大学中只能排第473位。因此，佛罗里达大学仍有差距需要弥补，才能匹配其综合排名第七的名次。若想让毕业生在职场中取得成功，学校必须教授学生创造性解决问题、抽象思维和复杂决策的能力，但传统的大学课程不足以培养学生的关键技能。他还意识到，佛罗里达大学虽位于佛罗里达州的盖恩斯维尔市，但几乎没有毕业生会在毕业时选择留在这里。他设想如果学生有令人信服的理由选择留在这里，可能会对当地产生重大的影响。

尽管这所大学总体而言非常成功，但杰夫得出的结论是，它仍然缺少很多东西。秋季学期没有足够的申请名额，冬季学期没有足够的学生；学生多样性不足；毕业后留在盖恩斯维尔市的毕业生太少；毕业生缺乏21世纪所需的工作技能，对企业没有吸引力等诸多不足之处。

杰夫没有逃避现实，而是开始弥补这些缺陷。他说服学校的校长和教务长投资开创性的新项目，于是杰夫于2013年成立了佛罗里达大学创新学院。创新学院旨在为学校30多个不同专业的学生提供"创新"相关的辅修课程。至关重要的是，创新学院在每年的冬季学期开始前都会组织持续整个夏天的学习及生活体验，从而解决季节性学生人数不均的难题。

创新学院旨在丰富学生的多样性，因此在学生的构成方面，种族和性别的总体构成更加多样化。该学院与当地科技孵化器合作，培育出符合现实需求的创业项目，弥合学术界与当地商界之间的差距，从而鼓励学生创业并在毕业后留在盖恩斯维尔市发展。学生在创新学院也会学习到关键技能，例如，如何提出想法、如何发现新的解决方案以及如何利用创造力来解决难题。

创新学院开设的课程包括"创造力的应用""创业原则"和"领导力促进创新"等。创新学院更侧重实践，不过分强调理论知识的学习。结业时，学生需要完成一项高级项目，必须提出自己的创业想法，并向潜在投资者小组展示。学生们在一个注重创造性表达的环境中学习协作和表达技巧。

作为同类院校中唯一一个开设创新学院的大学，创新学院也取得了巨大的成功。共有1038名在校学生加入了创新学院，占全校本科生人数的3%。与其他本科生相比，在创新学院学习的学生，毕业后就业情况更加乐观。谷歌、花旗集团和 NBC 环球集团等公司优先选聘创新学院的学生。杰夫解释说："这些公司非常青睐我们在创新学院帮助学生培养的创业思维。"

如果回顾创新学院的办学理念，你就会发现它所有的理念都归结于一个开放式的问题："缺少什么元素？"杰夫关注的并不是佛罗里达大学丰富的元素，恰恰是其稀缺的元素，所以他才创办了创新学院。现如今，创新学院教会一代学生如何通过反思自己缺少什么元素来发现新的机会。杰夫用自己所有的资源启动他的前沿项目，也确保每位毕业生都拥有同样坚毅的品格。

时间有限

时间通常被认为是限制创造力发挥的最重要因素。但讽刺的是，正是时间有限（也称为截止日期）激发了历史上一些最伟大的创意作品。林-曼努尔·米兰达解释说："我总是在截止日期前写作，否则我写不出任何东西。当你必须每晚8点到某个地方时，这样的硬性截止时间会迫使你安排好自己的时间。"虽然米兰达在职业生涯的这个阶段获得了很多金钱和支持，但他和我们所有人一样，也苦恼于为何一天只有24小时。然而，他能发挥自己所有的潜能，最大限度地利用有限的时间来创作出最好的作品。

电视动画节目《南方公园》虽然有大量讽刺和不宜未成年收看的内容，但自 1997 年开播以来一直大受欢迎。如今，《南方公园》已经播到第 24 季，累计播出了 300 多集，成为美国电视史上播出时间最长、经济效益最好的节目之一。该节目成功的关键是主创人员特雷·帕克（Trey Parker）和马特·斯通（Matt Stone）对时间的把控。虽然大多数动画节目需要提前 10 个月进行设计和计划，但帕克和斯通能在短短 6 天内编写并完成一集节目，在播出前的几个小时将最终版本提交给网站平台。

迫在眉睫的交稿日期令大多数作家近乎心脏骤停，但《南方公园》的两位幕后主创人员故意卡点做事。卡点做事可以让他们在节目中加入最新的话题性事件，还可以防止创作者过度思考，错过自己的最佳想法。在网飞拍摄的一部纪录片《6 天即播》（6 days to air）中，帕克解释说："卡点做事能够激发他们的创造力，这样他们就没有时间去质疑自己的每一个决定。"在纪录片的最后，两位主创人员认为，有限的时间是他们突破创意界限的最佳方式。

为了解决时间有限的问题，需要重点关注渺小而伟大的突破中的"小"字。事半功倍并不是说让你在 6 天内必须为屡获殊荣的电视节目写一集脚本。相反，你可以把时间的限制视为自己发挥想象力的机会。你或许可以利用高峰时段堵车的时间，开一次迷你的创意会议，便不用抱怨堵车的烦恼。会议的间歇时间或许能够构思出一个微小的想法。所以，作为日常创新者，你必须保持充分利用稀缺性的心态。

当你缺乏资源时，正是你需要变得足智多谋的时候。

◆ 空车前行

他身着漆黑修身的全皮套装，看起来就像在电影《钢铁侠》（Iron Man）的片场一样。赛车头盔上的遮光眼罩让他看起来像是一个邪恶的冲锋队员，试图隐藏自己神秘的身份。他轻松一跃跳上两轮火箭，躬身开始在私人赛道上飞奔。不久之后，他飞速通过了一个急转弯，从观众身边呼啸而过，并在田径场短短的直道上加速。

一辆高性能的摩托车在赛道上行驶并不是什么不寻常的景象，但这次骑行却是开创性的。在这种典型的郊游活动中，你会听到发动机的轰鸣声，同时闻到机油、汽油和废气混杂的独特气味。但今天的骑行活动，不仅发动机声音很小，而且观众完全闻不到气味，就好像有人完全麻痹了观众的嗅觉和听觉。在那个炎热的日子里，能听到的只有兴奋的怦怦心跳声。

令国际摩托车界震惊的工程奇迹是100%电动、零排放的"Tarform Luna"。它的起源与这辆摩托车本身一样令人着迷。

它不是由摩托车巨头哈雷 – 戴维森、杜卡迪、雅马哈或川崎设计的。它也并非宝马某个特殊的车型,更不是铃木的副线品牌。事实上,这辆革命性的摩托车是一家总部位于布鲁克林的初创公司生产的,该公司的创始人发挥了他所有的潜能,击败了价值数十亿美元的竞争对手。

塔拉斯·克拉夫乔克(Taras Kravtchouk)虽出生于俄罗斯,但在瑞典长大。在走上网页设计师的职业道路之前,他还学习了视觉通信、界面设计、3D 建模和计算机编程。塔拉斯的兴趣爱好非常广泛,涵盖了从设计到保护环境的方方面面,或许最出乎你意料的是,在灯光昏暗的摩托车车库里,你一定能找到他,看到他正在为顾客修理生锈的摩托车。在 20 岁时,他就爱上了两轮的摩托车,驾驶摩托车让他体验到了自由和美好的感觉。

在我们刚开始交流时,塔拉斯告诉我:"我的第一辆摩托车是在瑞典买的雅马哈 XS400,我压根不知道这到底是什么东西。"他的言辞文雅,衣着考究,身材纤瘦,完全不像是能改变这个领域的人。他的气质更像是坐在一家意大利咖啡馆,一边喝着双份浓缩咖啡,一边讨论文学和哲学的文艺青年。然而,他坐在位于布鲁克林狭窄的车库里,车库里散落着零配件、一些扳手和螺栓,还有一大堆连接各种设备的电脑电缆。

就在搬到美国之前，塔拉斯白天在瑞典经营一家设计工作室，晚上兼职做摩托车修理工。于是他将自己的两份工作结合在一起，开始梦想发明一种全新的摩托车。他深受电动汽车制造商特斯拉成功经验的启发，又痴迷于高性能电动摩托车的概念。如果这辆摩托车既价格亲民又质量上乘呢？如果它既能体现高科技又极具设计感呢？他想要发明出摩托车中的"特斯拉"。

2017年10月，塔拉斯正式开始创业。虽然大多数天真的企业家都是从筹集风险投资开始自己的创业步伐，但塔拉斯采取了一种更加斗志昂扬的策略。他说："我有一家小商店，里面有一些非常基本的工具。我对自己说……好吧，就这么开始吧。我首先做出了一个模型，看看结果怎么样。但当时的我没有资源、没有钱、没有团队。"

塔拉斯接着说："设计的一个关键原则——人都是在条件有限的情况下才最具创造力。如果你拥有实现成功的所有资源，那就很容易随波逐流。但如果你的资源有限，那就会迫使你真正去突破界限。"塔拉斯开始尝试发挥自己所有的潜能，看看能够走多远。

在最初的几个月里，塔拉斯逐步完善他的构想。他对自己的想法毫不妥协，但在制作方面很节俭。为此，他与工程公司、先进的制造公司、材料专家和高端设计专家分享了他的理念，希望得到他们的帮助。他意识到自己的项目极具吸引力，可以作为一个不错的案例供他人研究，于是他寻求各方供应商和专家的支持。从 3D 打印公司到专门生产圆形 LED 显示屏的公司，合作伙伴同意免费向他提供专业知识、设备和零件。

塔拉斯解释说："我不仅获得了纯材料方面的帮助，还获得了工程和研究方面的帮助。一家合作伙伴公司觉得这是一个很酷的项目，于是向我调配了 3 名工程师，帮助我制作发动机的软件模型。从事这样的项目是每个设计师的梦想。我们营造了这样一种工作氛围，每个人都会说，'是的，太棒了。我能提供什么帮助？我也想参与其中'。所以，这给我们带来了巨大的帮助，也节约了成本。"

在不到 18 个月的时间里，塔拉斯就制造出了两台模型。塔拉斯在克雷格列表上找到了一名机械工程师和一名电气工程师，他们花了不到 5 万美元在一个并不宽敞的车库里制造出了这两台摩托车模型。

相比之下，哈雷－戴维森于 2010 年年初宣布开始开发电动摩托车，据报道已在该项目上投资超过 1 亿美元。9 年后，该公司开始生产哈雷"LiveWire"系列，但由于某个机械故障一个月后就停产了。举个不太恰当的比喻，哈雷－戴维森耗尽所有资源和整个专家团队实现的成就，还比不上塔拉斯只发挥一半潜力所实现的成就，且塔拉斯的用时更短。

除了节省资金和获得便宜的材料外，塔拉斯也能非常高效地利用时间。有一次，他只用了不到 2 个小时的时间就找到了一位具有汽车视觉识别知识的机器学习专家，并让他在 45 分钟后开始着手参与自己的项目。不知何故，塔拉斯能在不到 48 小时的时间里找到一位具有仿生学背景的可持续发展专家，帮助整合高性能生物材料来改善对环境的影响。模型经过改装和升级后，速度堪比纳斯卡赛车，越来越接近"Tarform"的产品上市标准。

在接下来的一年里，塔拉斯筹集到了一定的资金，借此聘用更多的员工、购买低成本设备并推动公司全面投产。在这个紧张时期，正是一系列渺小而伟大的突破共同把"Tarform"塑造成了一个让客户难以抗拒的品牌。

可持续性是塔拉斯优先考虑的要素，所以他用模块化方式设计了该品牌的摩托车。如此一来，车架等核心部件可以使用 50 年，而电池组等部件可以根据需要轻松地更换或升级。相比之下，大多数车辆在过了出厂保修期一两个月后就只能被丢弃了。普通内燃机摩托车的动力传动系统由 2000 多个活动部件构成，而塔拉斯的团队设计的发动机只有十几个零部件。

塔拉斯设计的摩托车完全实现了零排放，也不需要加油，并且使用利于环境安全的材料。塔拉斯解释说："摩托车的零部件均由亚麻纤维、再生铝和可生物降解的皮革制成。我们的使命是制造符合可持续标准的摩托车，在这一点上我们毫不退让。"

在设计方面,塔拉斯设计的摩托车外观非常漂亮。早期的电动摩托车看起来像带轮子的烤面包机,而塔拉斯设计的摩托车融合了现代和复古的元素,打造了一款视觉上非常精美的摩托车。

此外,塔拉斯还利用了包括传感器、摄像头和人工智能等在内的先进技术提高摩托车的性能和安全性。比如,如果你正在路上骑着"Tarform Luna",另一辆车从后方快速地靠近你,那你的摩托车会通过底座轻微的震动向你报警,同时后视摄像头捕捉的画面会自动出现在圆形的 LED 屏幕上。充电时,你将其插入普通电源插座,只需 50 分钟即可充到 80% 的电量。虽然没有变速箱或离合器,但你的"火箭"可以在 3.8 秒内加速到约 96 千米 / 小时,续航高达约 193 千米。

当塔拉斯正式向公众推出公司的产品时,摩托车界为之震惊。结束了大批的媒体采访后,塔拉斯受邀在洛杉矶著名的彼得森汽车博物馆(Petersen Automotive Museum)展示"Tarform Luna"。他解释说:"这简直是一件非常不可思议的事情,世界上最负盛名的汽车博物馆想要展示你制造的摩托车,而这台摩托车只是在布鲁克林的一家商店后面用 3D 打印技术制作的。就在两个月前,我还在设法把所有的零件组装在一起,所以如今能和谢尔比眼镜蛇跑车一起展出,简直是一件不可思议的事。"

随着交流的深入，我想要了解更多的信息。比如，塔拉斯是如何用这么少的资源完成这么多事情的？他解释道："在我开始创业之前，我读了一本探索发明电动摩托车的书，书中介绍了 10 家公司的故事，每家公司都试图制造出品质上乘的电动摩托车，但都失败了。我仔细研究了每个故事，了解他们究竟是哪里出了问题，他们哪里超支了，以及如何避免出现同样的问题。"他的前辈们都在专注于自主发明每一个零部件，这不仅增加了成本，也浪费了大量的时间。塔拉斯从他们的失败中吸取经验教训，尽可能使用现成的组件和材料，所以才能更快、更高效地将他的电动摩托车推向市场。

　　当我们的谈话接近尾声时，我问塔拉斯是否有一件大事推动了他的成功。他说："并不是由于某一件大事……而是很多小事共同作用的结果，比如圆形的 LED 显示屏、布鲁克林的小商店、可持续性与设计的融合等。成百上千的小突破共同创造了巨大的胜利。"

　　当我们告别时，塔拉斯回忆说："我原本很害怕摩托车。我妈妈很早就告诉我可以在生活中做任何想做的事，但请永远不要骑摩托车。"我追求的事业是最让她害怕的摩托车行业，却带领摩托车行业走上了成功的道路，这难道不是很讽刺吗？塔拉斯一开始缺乏信心、金钱、经验、培训、人脉和资源。但他巧妙地利用了自己所有的资源成就了一番事业。

既然我们已经清楚地了解了如何充分利用自己现有的资源，也从中获益匪浅。现在是时候探索日常创新者的下一个理念了——别忘了晚餐后的薄荷糖。

第十一章
别忘了晚餐后的薄荷糖

14英尺（约4米）高的窗户外面开始下雪，孩子们无法抑制他们兴奋的心情。两个孩子和父母一起坐在世界著名的餐厅里，他们是第一次看到下雪。这家人从西班牙来，一直非常期待在纽约的麦迪逊公园十一号用餐，该餐厅一直被评为世界顶级餐厅之一。服务员看到这一幕后，开始努力为这家人创造难忘的体验。

餐厅的共同所有人威尔·吉达拉（Will Guidara）解释说："他们的兴奋鼓舞了我们的团队。我们问自己，怎样才能给他们带来最惊喜的体验，让他们充分享受下雪带来的兴奋感？我们决定买4个崭新的雪橇。用餐结束后，司机驾车迎接他们，带他们去中央公园度过了一个狂欢之夜。当我们看到孩子们脸上的喜悦时，我们知道我们的努力是值得的。"

麦迪逊公园十一号装饰精美，欢迎每一位挑剔的美食爱好者享用精致、奢华的食物。在过去的9年中，麦迪逊公园十一号8次入选世界50家最佳餐厅的榜单，并在2017年荣登全球最佳餐厅的榜首，这也是有史以来第二家上榜的美国餐厅。该餐厅赢得了4项詹姆斯·比尔德奖，餐厅的主厨兼共同所有人丹尼尔·哈姆（Daniel Humm）被评为全球最佳厨师。但真正让麦迪逊公园十一号赢得赞许的，既不是食物也不是氛围。在竞争激烈的餐饮行业，让麦迪逊公园十一号脱颖而出的正是日常创新者的第七大理念——别忘了晚餐后的薄荷糖。

"晚餐后的薄荷糖"是指出乎意料的惊喜和喜悦，无论是食物还是服务，都是在兑现餐厅的承诺，提供超过客人要求之外的服务。就我们的目的而言，一颗晚餐后的薄荷糖代表了一种微小、额外的创造性点缀，这种点缀将工作成果从平凡提升到出类拔萃的水平。

麦迪逊公园十一号的共同所有人威尔和丹尼尔已经将晚餐后的薄荷糖这一概念制度化，它远远超出了食物的范畴。餐厅中有一个名为"筑梦师"的小团队，他们既不供应食物也不擦洗厨房。相反，他们特别专注于制作"晚餐后的薄荷糖"——给前来就餐的客人留下难忘的惊喜和愉悦的体验，就像这个西班牙家庭享受到的雪橇之夜的体验一样。威尔解释说："我们曾把私人餐厅变成了音乐爱好者的摇滚剧院，也曾为一对想要前往岛屿度假，但无奈航班突然取消的夫妇创造了一个带有儿童游泳池和沙滩椅的人造海滨场景。正是这样的时刻，才会令前来就餐的食客终生难忘。反过来，也正是这样的时刻,激励了我们的团队。"

筑梦师团队的职责是通过提前研究和食客现场对话寻找造梦的线索,然后迅速采取行动把食客的梦想变为现实。有一对夫妇预约前来庆祝他们的周年纪念日,筑梦师团队做了一定的研究之后,得知这对夫妇在第一次约会时就因为雪糕筒结下了不解之缘。于是,这对夫妇在麦迪逊公园十一号享用了他们的周年纪念晚餐后,就收到了厨房的精英厨师提前手工制作的美味雪糕筒。

威尔和丹尼尔将他们的"晚餐后的薄荷糖"作为餐厅的核心经营理念,他们称之为"95-5 原则"。威尔解释说:"'95-5 原则'指的是在 95% 的时间里,我们精打细算每一分钱。但在剩下 5% 的时间里,我们愚蠢地毫不计算成本。"威尔表示,该团队以"终结者般的效率"管理运营和预算,因此他们可以将 5% 的支出投入令食客惊讶的创意附加服务之中。

有时,晚餐后的薄荷糖是以食物的形式呈现,比如有人无意中听到客人抱怨他们到访纽约期间没有时间享用纽约的热狗。筑梦师团队就跑到餐厅的外面,从街头小贩那里购买了一些热狗,带回厨房让厨师做一些高级的装饰,然后将它们放在闪亮的银盘上呈现给毫不知情的客人。又有些时候,晚餐后的薄荷糖与食物无关。例如,餐厅内部的员工也享受到了"95-5 原则"的待遇,他们参加过高层员工的聚会、团建以及许多其他意想不到的福利。

威尔坦言:"我可以和你分享一个关于'95-5原则'的秘密。我曾说我们愚蠢地不计成本,并不是真的愚蠢。虽然表面上看起来很愚蠢,但实际上是有意为之。事实上,这笔钱我们花得非常聪明,它为我们带来了可观甚至无法估量的投资回报。正是这5%的投入给食客们留下了回忆,并使得他们对我们赞不绝口。正是这5%的投入让我们在餐厅里能够有一些自发的创意,也正是这5%的投入为餐厅和公司的服务者及被服务者提供了无限的乐趣。"

这一原则也远远超出了烹饪乐趣。为了创造最难忘的体验,工作人员为客人提供了一个特制的盒子,客人可以选择将手机放在盒子中,充分享受自己的美食,避免边吃边看手机。

即使这些细微的、创造性的体贴举动未被客人发现,但也能产生一定的触动。餐厅有意将每个盘子巧妙地放在客人面前,而不是直接砰的一声放在桌子上。背景音乐的音量会根据餐厅的客人数量而变化。夜晚来临时,音乐会更加响亮,营造出一种热闹的氛围,因为餐厅里坐满了客人。当更多饥肠辘辘的客人到达餐厅后,音乐会变得柔和,确保客人在没有空位时不会大喊大叫。所有这些"渺小而伟大的突破"共同为客人带来了绝佳的用餐体验。

麦迪逊公园十一号的巨大成功说明了创新的力量。仅仅一点点出人意料的创造力就能带来巨大的投资回报。威尔和丹尼尔投入 5% 的时间为餐厅发展带来了巨大的收益。这些恰到好处的惊喜活动对用餐体验的提升也起到了至关重要的作用。

于我们而言，这一概念可以应用在方方面面。晚餐后的薄荷糖代表任何意想不到的额外举动，从额外的想法到节省时间，再到实体物品。如果你被要求提交一份分析五大竞争对手的报告，那么晚餐后的薄荷糖这一方法需要你付出额外的努力，即在报告中分析七位竞争对手。或者，你也可以将报告制作成色彩丰富、设计精良的演示文稿，而不是单调的黑白文档。如果客户希望你在周四下午之前做出回应，按照上述方法，你或许需要提前一天在周三早上向客户做出反馈。践行晚餐后的薄荷糖这一方法的动力恰恰来自仅用 5% 的创造力，即可提升你的工作成果。

内有免费赠品

一个多世纪前，克拉克·杰克（Cracker Jack）开始在每盒焦糖裹层爆米花中附赠免费的小物品。自此之后，顾客就会被这点额外的小赠品吸引。小时候，我总是迫不及待地想倒出一整盒麦片，找到盒子里附赠的机密解码戒指。此外，我也吃了很多次麦当劳的汉堡和薯条，先是痴迷于开心乐园餐里的奖品，后来又玩麦当劳的大富翁游戏，有机会赢得更多奖品。

畅销书作家杰伊·贝尔（Jay Baer）在他 2018 年的著作《如何让你的产品被快速口口相传》（*Talk Triggers*）中研究了内附赠品的现象。这本书指出，品牌需要做一些超出其核心产品之外的事情，才能引发客户的口口相传。他认为，小而有创意的投资可以产生巨大的口碑效应。杰伊认为各种形状和大小的晚餐后的薄荷糖是有效的营销投资。他在书中分享了以下几个例子。

美国佛罗里达州奥兰多的魔法城堡酒店表面上与该地区的其他几十家酒店没什么不同。但不同的是，该酒店在泳池安装了"冰棒热线"的电话亭，邀请客人走到挂在墙上的亮红色电话前，点他们最喜欢的冰棒。几分钟之内，设备齐全的冷冻食品团队成员用银色的盘子为客人送上冷冻食品。酒店在提供免费冰棒的同时，还打造了独特而令人可不抗拒的体验，使该酒店从价格相似的同类酒店中脱颖而出。

与其他公司一样，戴蒙德水管工程公司是一家位于美国南加州专营管道、空调和电气服务的公司。由于管道维修是一项非常普通的服务，为了区别于其他公司，戴蒙德水管工程公司打出了"好闻的管道工"的宣传口号。该公司保证公司的每一位水管工和电工身上都闻起来很香，这样的宣传口号巧妙地暗示了，竞争对手公司的工人体味比较大。这个案例中的晚餐后的薄荷糖是承诺提供干净的服务,在博君一笑的同时,更重要的是让客户留意到这家公司。

如果你曾经去过迪士尼乐园或六旗游乐园这样的主题公园,你一定对其高昂的价格记忆犹新。昂贵的停车费、软饮料和防晒霜等,或许会让我想要说服孩子们等明年到免费的州立公园玩耍会更好。但总部位于印第安纳州的假日世界游乐园采取了不同的策略。他们的晚餐后的薄荷糖是提供免费停车场、不限量的免费苏打水、免费的防晒霜站。在争夺娱乐收入的竞争中,该公司甚至胜过其最大的竞争对手。该公司没有投入巨额的广告预算,而是用其晚餐后的薄荷糖赢得了口碑。

这些例子表明,晚餐后的薄荷糖可以有很多种形式。在每个案例中,晚餐后的薄荷糖都给客人带来了惊喜和愉悦的体验,引发了口口相传,并帮助创意公司在竞争激烈的领域中取得胜利。无论你经营的是什么类型的公司,都可以考虑添加一些创意来吸引客户。无论处于哪个领域、从事什么职业,永远不要低估晚餐后的薄荷糖的力量。

隔离与攻击

生活中的晚餐后的薄荷糖有多少种口味,隐喻的薄荷糖就有多少口味。我们每个人都可以利用"晚餐后的薄荷糖"

这一理念，一次只关注一个重点，继而探索如何添加薄荷糖来提高自己的业绩表现。

反观自己的职业，你能找到几十个需要单独关注的单个元素。建筑材料供应商可以将自己的工作流程分成招聘、现场销售、内部沟通、采购、物流、营销或客户服务。如果我以弹吉他为生，那就需要单独考虑风格、日常练习、营销效能、装备和音乐合作者等因素，从而考虑可以采用哪些创意来提升自己的演奏技能。在许多情况下，仅仅是在某个重点领域添加一块晚餐后的薄荷糖就可以带来巨大的收益。换句话说，你不需要在业务、事业或生活的每一个方面都添加晚餐后的薄荷糖。

合脚的鞋子

巴基斯坦的奥卡拉市气候炎热干燥，最初以糖厂和奶牛场而闻名，直到锡德拉·卡西姆（Sidra Qasim）和瓦格斯·阿里（Waqas Ali）做了一件出人意料的事情。这对已婚夫妇梦想共同创办自己的公司，但两人没有接受过正规的培训，也缺乏资源。很多人都有梦想，而锡德拉和瓦格斯在想要弄清楚鞋子为何不合脚时，发现了他们想要追求的梦想。

事实上，大多数人两只脚的大小都略有不同。也许你总是感觉左鞋比右鞋更紧一些，或者你的一只脚经常酸痛，而另一只脚却没有。大多数人双脚的大小略有不同，于是这对夫妇就想弄明白为什么一双鞋左右两只脚只卖相同的尺码。

于是，锡德拉和瓦格斯有了一个小小的想法。如果他们创办一家公司，只生产合脚的鞋子会怎样？但在他们的家乡巴基斯坦，开一家鞋业公司就像游泳穿过阿拉伯海一样，是一项不可能完成的任务。即使锡德拉和瓦格斯拥有 5000 万美元的资金，取得了哈佛大学的学位，但试图与耐克、阿迪达斯这样地位稳固的行业巨头竞争依旧是一个风险极大的做法。但是，他们在没有资源、经验的情况下，向大公司发起了挑战。

然而，创造力又一次成了伟大的均衡器。当我们应用日常创新者的原则时，像你我这样的普通人都有机会利用公平的竞争环境来获得优势。这对夫妇完善了他们的创意，用毕生的积蓄实现他们的愿景。

他们采纳了概念隔离的方法，把业务的中心围绕在合脚的概念上。该公司只提供一款鞋子，并且只有几种颜色，没有明显的标志。没有请名人代言，没有花哨的图案，也没有霓虹色的鞋带，而是直接把鞋子卖给消费者，因此不存在渠道分销策略。事实上，这只是非常基础款的鞋子，关键特征在于，该品牌的鞋子有四分之一码。夫妻俩给公司取名为"Atoms"，意图向自己的信念致敬，即微小的调整可以使鞋子更加合脚。

在竞争激烈的鞋业市场，"Atoms"自 2018 年成立以来，已经拥有超过 1000 条五星好评，销售额持续飙升。如今，这家初创公司在逆境中品尝到了成功的滋味，努力满足客户的需求。这对夫妇解构出了合脚的元素，加上四分之一码鞋子的策略，让这对几乎毫无机会的夫妇顺利进入了鞋业大联盟。

边缘风暴

此时此刻，你或许想知道如何才能实现渺小而伟大的突破。为此，你可以利用如下的头脑风暴方法，帮助自己找到适合自己的解决方案。如前所述，正常的头脑风暴会议往往会产生渐进但枯燥的想法。而边缘风暴会把你的想象力提升到一个全新的水平。

首先解构出每个机会点。你需要解构的因素可以是公司层面的任何因素，例如提升效率、客户服务或数据挖掘。此外，你还可以利用边缘风暴解决任何特定的问题或抓住某个机会，例如"如何降低员工流失率"或"采取哪些措施来增加销量"。

设定好了目标后，你便可尝试进行构思冲刺。在此过程中，你分享的想法必须能把所涉及的概念分析到极致。在一场边缘风暴的会议中，每个人都需要彻底释放自己的创造力，暂时抛开所有的执行、成本或风险因素。简而言之，大家所分享的想法必须都是极致的想法。

为了减少员工流动，边缘风暴所产生的想法可能包括把所有员工的工资翻倍、聘请厨师提供免费的食物，或者建立一个沙滩排球场。为了提升销量，边缘风暴所产生的想法可能包括推出夏季系列音乐会、邀请著名的拉丁乐队装扮成巨型玉米饼表演他们的热门歌曲、举办比赛向幸运的获胜者赠送玉米饼，或者每周举办免费的名厨烹饪课程。

需要明确的是，这些想法或许都不太现实，要么成本太高，要么脱离实际。但是，如果你能够将自己的创造力发挥到极致，继而让那些缥缈的想法回归现实，比一开始就提出一些不足为道的想法再去升级这些想法要容易得多。

修建沙滩排球场的想法可以改编成举办一年一度的"公司运动会"，员工们可以在比赛期间争夺奖品。举办夏季系列音乐会的想法可以简化为邀请一位音乐家录制一系列歌曲，然后在社交媒体上发布这些歌曲。相比于从小处着手继而屈服于实用性的感召，更有效的做法是从疯狂的想法开始，继而打磨所有粗糙的边缘。即使你正在追求小的突破而不是大的创新，也可以使用边缘风暴突破自己想象力的极限，让遥远的想法回归现实，留待日后使用。

打磨想法

希瑟·哈森（Heather Hasson）曾经是一名医学院学生，她的一位护士朋友在街对面的医院工作，趁她休息的时候两人约在餐厅聊天。两人聊起往事时，希瑟很难集中注意力。让她分心的不是炸薯条的味道，也不是女服务员忙碌的样子，更不是她手里拿着有缺口的咖啡杯。相反，希瑟看到她朋友糟糕的状态让她一直分心。

希瑟的朋友没有生病，也没有蓬头垢面，只是穿了一件松松垮垮的外科手术服让她看起来很糟糕。这件衣服并不合身，所以看起来让人感觉非常不舒服。更糟糕的是，衣服上醒目的标签向全世界宣布了她朋友的体型。希瑟思绪飞快，想知道为什么外科手术服看上去如此难看。随着露露乐蒙和耐克等品牌设计制造出了时尚的运动服，为什么外科手术服的设计依然停留在中世纪？

和朋友分开后，希瑟决定做进一步的调查。她很快了解到，医疗服装行业市场价值高达 600 亿美元，仅美国医疗服装行业的价值就多达 100 亿美元。她还发现，在医疗服装行业，90% 的采购是由医疗专业人员自己直接购买的，而不是由雇主提供。

希瑟还了解到，医护人员的购买体验与难看的服装一样糟糕。像她朋友这样的护士通常会去光线昏暗的医疗用品商店购置服装,外科手术服就展示在手杖、轮椅和氧气罐的旁边。网上的选择也好不到哪里去,医护人员要么选择单调、粗糙、不讨人喜欢的普通外科手术服,要么选择带有夸张卡通图案的手术服。

希瑟意识到她有了一些重大的发现。于是在2013年,她和她的好朋友特瑞纳瞄准了美国近2000万医护人员,创立了"无花果"品牌。该品牌以希瑟最喜欢的水果命名,从而向苹果、黑莓等其他以水果命名的品牌致敬。两人着手设计非常时尚的外科手术服,不仅拥有良好的视觉效果,质量也远胜于其他手术服。

在订购针线和面料之前,为了更好地了解传统外科手术服的问题,两人花了几小时采访专业的医护人员。她们了解到,医生经常把他们的结婚戒指系在胸罩带上,因为在手术过程中没有安全的地方存放珠宝。一位接受采访的医生说,他现在手上戴的是他的第五枚婚戒,之前的四枚都在手术过程中不慎丢失。传统的外科手术服除了款式过时、没有实用的口袋外,还很不合身,有时甚至会在给病人问诊时或手术的过程中开裂。无花果品牌的联合创始人特瑞纳打趣说:"如果在工作时你的裤子突然掉下来了,你怎么能毫不分心地挽救病人的生命、治疗和照顾病人呢?"此外,粗糙的面料经常会刺激医护人员的皮肤,这已经是多家医院工作人员广为流传的笑话。

希瑟和特瑞纳遵循了日常创新者的第二大理念,并未等到一切就绪才采取行动。两人兑现了她们的退休金账户,刷爆了她们的信用卡才制作出了样品和少量的现货。根据她们的研究,她们设计出了贴身、时尚、舒适且功能强大的无花果外科手术服。

由于斗志十足(发挥了自己的所有潜能),她们甚至在医生换班期间在医院停车场摆起了咖啡摊。两人穿着华丽的无花果外科手术服,为医疗专业人员提供新鲜的咖啡。希瑟和特瑞纳用免费的咖啡吸引医院的工作人员,他们立即注意到了汽车后备厢里时尚、剪裁精良的手术服,于是很开心地完成了交易。几周之后,她们根本不用再准备免费的咖啡,因为每次她们提着一个装满手术服的新箱子来到医院时,都会有一群热切的顾客在等着她们。不久,医护人员对于手术服的需求呈爆发式增长。设计和功能的结合迅速吸引了大批的医护人员。

希瑟和特瑞纳将公司的业务正规化,改进了产品的设计,吸引了启动资金后就开始进行大规模生产。尽管她们了解最初的客户需求,但增长的道路既不顺畅也不轻松。特瑞纳回忆说:"早期,我们的生产遇到了很大的问题,我们缝错了裤子的内缝,所以男裤的内接缝换成了女式的内接缝。我们在收到很多男性顾客发来的'我的包裹'为主题的邮件后,才发现了这一问题。虽然这听起来很有趣,但在当时确实带来了毁灭性的后果。这是我们第一次进行正式生产运营，所以我们把所有的钱都投入了这家公司。在我们的第一次生产就发生这种事情，着实令人沮丧。"

但她们坚持了下来。特瑞纳解释说："值得庆幸的是，错误发生在我们运营生产的初期，确保了日后不会再发生类似的事情。另外，发生这样的事故，能够让我们勇往直前，不再回头看；也让我们变得更有韧性，更懂得坚持。"

问题解决后，公司开始以惊人的速度增长。两位颠覆性的联合创始人吸引了媒体的关注，这也帮助她们从知名投资人那里募集了7500万美元的投资，其中包括演员威尔·史密斯和露露乐蒙的前首席执行官克里斯汀·麦考密克·戴。

为了完善无花果外科手术服的设计，希瑟和特瑞纳继续挖掘更多的创意。她们如何才能提高外科手术服的外观、功能、耐用性和舒适度，使它们成为客户的不二选择？决定了合身的款式后，"晚餐后的薄荷糖"就变成了对于实用性的关注。例如，拉链口袋和方便取出听诊器、手机和身份证的隔层。她们在研究了数百种纺织面料后，设计制作出了自己的面料，该面料无皱、抗菌并且像穿过的旧衣服一样舒适。

7年前，"无花果"还只是在汽车后备厢销售自己的产品，到2020年收入已高达2.5亿美元，超过了2018年的1亿美元，自2014年以来增长了9938%。希瑟和特瑞纳赢得了自己梦寐以求的安永年度企业家奖，《快公司》杂志将"无花果"评为世界上最具创新力的公司之一。

请记住，希瑟和特瑞纳进入医疗服装行业的初衷只是基于一个简单的创新概念：制作一款外观靓丽的外科手术服。

希瑟解释说："我们正在通过为当今的医疗专业人员创造舒适和功能极佳的医用服装来改变医疗体验。我们相信，医护人员的穿着会影响他们的感受，并最终影响他们的表现。我们设计了'无花果'手术服，让医护人员有了更好看的医用服装，因此收获了良好的感觉。无论这一天发生了什么，他们都能表现得更好。"

公司采用了实验厨房的原则持续推进创新。目前，"无花果"在中国台北创办了一个创新中心，并在洛杉矶总部设有一个2000平方英尺（约186平方米）的设计实验室。如今，设计团队包括来自拉夫·劳伦和露露乐蒙的经验丰富的专业时尚人士，以及来自生产滑雪服和运动服装公司的材料专家。"无花果"每个月都会发布一个新的颜色组合，每周也会发布新的款式，这被戏称为发布新产品像"输液"一样。"无花果"还根据流行趋势生产限量版系列。最近又与新百伦合作，专门为满足一次站立时间长达14小时的医护人员的需要，共同设计了一系列时尚、实用、舒适的鞋子。

"无花果"拥有47家实力雄厚的制造工厂和近100万平均每年购买8~12套外科手术服的客户群体，发展前景势不可当。希瑟和特瑞纳解构出时尚为首要的创意，将单调的外科手术服发展到一个全新的审美水平。"无花果"先后采用了3项创新策略,先是修身和吸引人的外观,继而是舒适性,最后是强大的功能性。所以,希瑟并不是灵光一闪就设计制造出了完美的外科手术服。反之,她一次添加一项其他同类竞品所不具备的元素。最终,"无花果"通过一次提供一种无花果式的创意,使该公司发展为医疗服装行业的领军企业。

  跌倒七次,站起来八次是日常创新者的第八大理念,也是最重要的一项理念。在第十二章中,我们将研究坚韧和顽强的品质如何影响创新过程。我们还会研究一些滑稽的失败案例、了解熊熊烈火如何锻造出壮观的重生,也会搭乘竞速无人机感受创意与坚持的融合。

第十二章
永不言败

熊熊烈火仿佛火山喷发一般直冲夜空。115名消防员花费7个多小时才把大火扑灭,大火留下了一片烧焦的废墟。2016年,位于纽约菲什基尔的盖璞(GAP)配送中心发生了一场大火,近200万平方英尺(约186万平方米)的仓库被烧成灰烬。值得庆幸的是,没有人员伤亡,但这场大火让盖璞的业务陷入了绝境。

每个人的生活中都发生过"火灾",无论是象征性的还是真实的。虽然围绕失败的荣耀有无数的陈词滥调,但再精辟的建议也不能减轻重大挫折带来的痛苦,所以我们只能面对现实。虽然穿着格子夹克的励志演说家会指导我们热爱我们所经历的失败,但那些浅薄的建议并不能帮助我们真正克服失败的痛苦。我个人经历了很多次失败,相信我,在那些时刻,我最不想听到的就是那些乏味、俗气的台词。当我躺在地板上流血时,我更需要的是一份重新站起来的计划,而不只是一个拥抱。

第十二章 永不言败

为了重新加入市场竞争，盖璞不得不坚守日常创新者的第八大理念：永不言败。它鼓励我们克服困难，即使面对黯淡的前景也拒绝承认失败。它教会我们，即使在情绪高涨的时候，也要以冷静、有条不紊的方式关注下一步的行动，灵活地适应不断变化的环境。每次失败时，我们都要学会调整方法，重整旗鼓，继续前进。

凭借钢铁般的决心，盖璞的领导者必须想办法让1300名失业的员工重返工作岗位，并确保客户按时收到订单。公司的全球物流运营高级副总裁凯文·昆茨（Kevin Kuntz）说："那段时间非常艰难。那天晚上，我们在纳什维尔建立了一个远程指挥中心。"

昆茨和他的团队专注于务实的行动，利用他们的创造力尽快使公司恢复正常的运转。几天之内，该团队就在附近的仓库建立了一个"快闪"配送中心，在接到更大的订单后，他们可以手动完成订单。虽然这家临时中心的效率不高，但也如期完成了任务，因此客户都准时拿到了他们的订单。昆茨和他的团队切换到了解决问题的模式，迎接一个又一个挑战，实现了反弹和重建。

团队稳定了眼前的问题后，就开始试图在烧焦的残骸中发现新的机会。该团队无论如何都需要重建配送中心，于是他们决定利用眼前的机会作为创新的跳板。旧的配送中心运行良好，所以团队并没有重新构想运营方式。但有了重建配送中心的机会，团队就可以彻底重新布局从设备到人员配备再到安全程序的各个方面。这次重建使团队有机会设计未来的运营方式，将生产力和效率推向新的高度。事实上，该团队决定创建一个标准化的运营中心，使其能够非常高效地运营公司的配送业务，可以作为公司在全球其他地区的典范。

时任首席执行官的阿特·佩克（Art Peck）说："既然我们有了重建的机会，那么该如何建造一个能满足明天、明年、下一个10年需求的配送中心呢？这是一个创新的时刻。"佩克借用这次重建的机会使该公司采用了新技术，例如机器人分拣、机器学习和大规模的传感器网络来优化配送中心的运营。此外，该团队还利用了这次重建的机会更新了团队的人员配备、物流、仓储和环境影响。大火的破坏迫使团队在运营的各个方面都进行了创新。

在这场毁灭性的火灾发生近两年后，位于纽约菲什基尔的配送中心成为公司配送网络中最高效的配送中心，每天可处理超过100万件商品。根据公司的声明，"新建的配送中心每天能够分拣的货物数量几乎是火灾前的两倍"。

公司负责全球供应链和产品运营的执行副总裁肖恩·柯伦（Shawn Curran）表示："危急时刻才是展现真本事的时候。公司在最困难的时期显然展现出了自己的最佳水平。"该公司利用火灾作为重新思考公司整体运营的机会，并在其他业务领域采取了一系列创新的方法。纽约菲什基尔的火灾使公司点燃了新的火焰,至今仍在全公司范围内激发新的创造力。跌倒七次,站起来八次的哲理是创造力和韧性达到完美结合。这不是盲目乐观的人口中所喊的"你能做到任何事"的陈词滥调,而是直面困难。日常创新者没有无谓地坚持,而是把挫折当作一次机会,每次都用不同的方法重新振作起来,用创造性的思维来指引方向。他们能够超脱对与错的判断,将错误视为可以为后续创造性尝试提供信息的数据。将坚韧与想象力融为一体,通过一系列创造性的调整和适应赢得这场战斗。

不是所有的墓地都吓人

电影中的角色总是能瞬间构想出创造性的突破。聪明的主角会经历一个令他恍然大悟的瞬间,于是某个想法在几秒内就被完美地实现了。我们已经被这个神话迷住了,并且用一个荒谬的不切实际的标准来要求自己。于是,在我们的想法混乱、脆弱且不够完善时,我们会认为自己的发明注定会失败。更糟糕的是,我们内化了这样一种信念:认为自己没有创造力,或者认为自己比不上其他人。但现实与我们的幻想恰恰相反,接下来让我们共同探索如何通过在经历一系列挫折和错误的同时发现自己的创新想法。

首先,新想法在初期总会较为混乱。我们永远不会期望刚出生的婴儿能够生活自理，所以我们也不应该对刚刚提出的想法设定如此不切实际的标准。事实上，早期的想法几乎都有缺陷。虽然创作是艺术家的首要工作，但测试、检查和完善作品直至恰到好处的循环也同样重要。虽说这是艺术家的事情，但别忘了我们都是艺术家，所以我们要意识到，磕磕绊绊和失误是创作过程的一部分，在第一次尝试失败后退出，就好像是棋手在对方走了开局的第一步棋后就认输了。

另一个残酷的事实是，并非所有的想法都会成功。从来没有哪位成功的发明家未曾经历过失败，没有哪位传奇的诗人未曾写过狂妄的文字，没有哪位多产的音乐家未曾弹错过一个音符。若是没有经历过失败，那只能说明自己还不够努力。日常创新者既不寻求失败，也不享受失败，但他们认可失败是其创新过程的重要组成部分。从自己最糟糕的作品中吸取教训和见解，能够为未来创作出杰出作品打下基础。

不仅个人创新者要遵循跌倒七次，站起来八次的规律，成功的企业也是如此。例如，谷歌公司的确取得了许多非凡的成功。但经历的失败和取得的胜利一样引人注目。"谷歌坟场"的网站显示，这家科技巨头公司埋葬的失败产品已经有 205 件，并且这一数字还在持续增加。每件被颂扬的产品旁边都有一个墓碑的图标，直观地向我们展示了谷歌曾经经历过多么刻骨铭心的失败。每块墓碑旁边都篆刻了墓志铭，描述了产品的细节以及它为地球增添的光彩。谷歌的领导人乐于和失败告别并承担损失。

宝洁在其位于辛辛那提的全球总部也采用了类似的方法。该公司的"失败之墙"展示了该公司自1837年成立以来众多失败的案例。负责此次展览的宝洁历史学家丽莎·马尔瓦尼（Lisa Mulvaney）解释说："或许失败之墙的展览给人的感觉不够愉悦，但相比之下更糟糕的是，根本没有反思自己过去的失败经历，忘记了某个产品为什么没有成功并再次犯下同样的错误。"

在所有陈列的失败产品中，丽莎很喜欢的失败产品之一是风倍清去味除菌喷雾。风倍清是一种外观和CD播放器类似的产品，可以释放出各种气味。每15分钟，就会释放出一种新的香气，保持房间的清新。消费者不理解的地方在于，为什么它不能播放音乐，所以并不接受该产品。另一个优雅的失败案例是恰敏空间管理器，该产品能够更高效地利用杂货店和消费者食品储藏室的货架空间。该产品主要是将卫生纸卷压扁，然后将它们紧紧地密封在较小的包装中。但是打开包装后，纸卷无法恢复到正常的形状，并且顾客很讨厌被压扁的卫生纸。

与谷歌一样，宝洁也向失败致敬。公司有信心公开分享自己失败的经验并从挫折中吸取经验教训，赞扬每位创新者的失败经历中的一些创造性的成功。失败之墙也向公司内部的数千名潜在创新者传递了这样的信息：公司允许创新者承担责任风险，并愿意为创新者创造一个安全表达自己创造力的环境。

我曾经采访过一些成功人士，从亿万富翁到名人企业家，再到获得过格莱美奖的音乐家，他们的事迹告诉我，优秀的人失败的次数远超过他们成功的次数。此外，他们还会把挫折视为荣誉的象征，而非耻辱。他们忍受着失败带来的短暂痛苦，从中学习、适应和提高。通常情况下，若想获得长期的胜利，必然先经历看似无穷无尽的短期失败。

滑来滑去（SLIP）

和我一样，汤姆·瑞福爱（Tom Rifai）博士自称是"比萨的狂热爱好者"。除此之外，他还是一家健康公司的创始人。瑞福爱博士开发了哈佛认证的有益于健康的生活方式系统，帮助客户在不使用药物的情况下将"有害"的胆固醇降低近一半，体重减少20磅（约9千克），心脏病发作的风险降低50%。在此过程中，他向我分享了包括SLIP在内的众多方法。SLIP不仅是一种有效的健康饮食认知行为疗法（思考"心态"），而且是一种在面对任何挫折时都同样有效的方法。

SLIP是Stop（停止）、Look（审视）、Investigate（调查）和Plan（计划）这四个单词的首字母缩写词。SLIP法能够帮助我们转变思维模式,把危机视为一种机遇。这是一种简单的、不带偏见的方法,使我们在遭受任何程度的挫折后依然能够重新振作起来。例如,如果我在周五晚上失心疯地喝了一瓶半酒,吃完一整个意大利辣香肠比萨后,会利用SLIP方法帮助自己恢复活力。否则,我很容易陷入"自责的困境"中。如果我们没有停下来重新调整方向,沮丧和羞耻会迅速演变成一系列无益的行为和选择。

在渡过了一个碳水摄入超标的夜晚之后,SLIP方法的第一步是在采取下一步行动之前先暂时停下脚步。我可能会从宿醉中醒来,希望吃一点枫糖甜甜圈"快速缓解"自己的痛苦。但有些痛苦源自内疚。停止是要求你"坦然面对自己"并诚实地接受所发生的一切,以此为契机,开始学习和改进。你可能会告诉自己:"停下来,没关系。我是人,我还没死,所以没有理由继续挑战极限。"

第二步,我会客观地看待当前的形势。不再一味地迷恋"孤注一搏"的谬论。相反,我会认为:"虽然我的确放纵自己了。但我绝不是一个完全失控的人。事情发生了,我有责任,但现在我要决定接下来做什么,我会因此变得更好。"

第三步,我会调查情况,用一种支持性的、不加评判的方式评估过往发生的事情。回首当晚发生的事情(即调查),只要稍加调整便可以度过一个开心的夜晚。下一次,我会在每喝一杯葡萄酒之前,先喝一杯苏打水。这不仅能让我少喝葡萄酒，还不会让我感觉自己没喝够。

接下来，我会用第四步"计划"进行干预，借此对下一步的行动做出深思熟虑的选择。我可以决定在接下来的三天里吃得超级健康，或者增加一些额外的有氧运动来消耗掉盈余的热量。我也会对未来做出深思熟虑的计划，这样下次我和朋友一起吃比萨、喝葡萄酒时，就有了一个预先确定的策略，就不会在那一刻得意忘形。

经历过痛苦的失败后，SLIP方法能够轻松帮你走出困境。无论你是搞砸了一场大型演讲、工作中遇到了负面评价，还是错失了主要投资者的投资，花点时间用SLIP方法对问题进行分析，可以帮助你从失败中吸取教训，不至于沉溺其中。我们都不希望一次糟糕的经历会衍生出更多糟糕的遭遇，所以你要迅速遏制当下的错误，让事情重回正轨。瑞福爱博士鼓励我们采用SLIP方法分析问题，即便感觉当下的问题像是一次失败的经历，也不要把它当作一种失败。无论你被打倒多少次，SLIP方法都能让你重整旗鼓，昂首挺立。

创办自己的联盟

当你紧握操纵杆的时候，却发现另一艘飞艇从你身边呼啸而过，进入荧光粉红色霓虹灯隧道，眼看着就要撞上你的左翼。你以最快的速度飞行，另一个竞争对手却撞到了墙上。而你又逼近前方发光的紫色障碍物，需要把机身上下颠倒才能继续飞行，没有时间留意爆炸燃起的火焰。重金属音乐在你的耳机里轰鸣，根本听不到经过旁边的高振频发动机发出的巨大噪声。此时的你，仿佛置身于电影的激烈战斗之中，一队未来主义的战斗机吊舱舰队为了保护反叛联盟正在空中进行特技表演。

但这不是科幻电影。

在我们开始交谈之初，无人机竞速联盟的创始人兼首席执行官尼古拉斯·侯巴祖斯基（Nicholas Horbaczewski）就解释说："无人机竞速联盟是无人机竞速赛的全球性专业赛事。我们把这项非常新颖、高速、令人兴奋、技术赋能的运动带到世界各地，在成千上万的观众面前举办赛事，然后向90多个国家的数千万观众转播这项运动赛事。"

尼古拉斯说话极其精准，他干净利落的外表让人觉得他是常春藤盟校出身，但他顽强的竞争精神又让人觉得他是个街头斗士。没过几分钟，我就觉得自己正在和一位注定要载入史册的人物交谈，就好像在塞雷娜·威廉姆斯（Serena Williams）成为职业选手之前我对她进行采访一样。他既自信又谦逊，既坚定又好奇。

"DRL"被誉为无人机的一级方程式赛事，是一项集合了速度、戏剧性、竞争和技术的赛事。如今，这项运动发展迅速，但这项运动赛事的发展与比赛本身一样具有挑战性。尼古拉斯在实现自己愿景的过程中，经历了胜利和惨败。随着我们与尼古拉斯交流的深入，我们发现他那些高风险的故事不仅体现了日常创新者跌倒七次，站起来八次的理念，还彰显了日常创新者应有的八大理念。

无人机竞速联盟创办于 2010 年，当时澳大利亚的业余飞行员开始维修他们的无人机。他们安装了摄像头，让他们有了在自己指挥下在无人机内飞行的体验。反过来，业余爱好者开始互相比赛，耀武扬威地宣称要战胜他们的对手。于是，他们建造了简陋的赛场，制作了粗糙的视频，无人机竞赛很快成为一种地下崇拜现象。

时间来到了 2014 年，无人机竞速风靡全球，尼古拉斯得以第一次亲眼看见现场的比赛。他告诉我："比赛的举办地位于纽约市郊外的长岛，在家得宝（Home Depot）后面的一块空地上。选手用泳池的浮漂围出了一块场地，参赛的都是一些自制的无人机，举办的场地又是在家得宝的后院，所以整个比赛显得非常业余……当然，比赛也不乏一些闪光的伟大时刻。至少在我看来，这是我见过的最酷的比赛。"

那一刻，尼古拉斯爱上了这项赛事。他把无人机比赛设想为一项高质量的专业运动赛事，但很快就知道有多少困难阻碍了他的前进。尼古拉斯解释说："很多参与无人机赛事的人都在想，我们如何才能把自己钟爱的这项爱好与全世界分享。我认为我们的不同之处在于退后一步反问自己，这项赛事的发展存在哪些潜在的问题？如果这项运动真的像我们认为的那样酷，那么它现在应该已经成为主流，那究竟是什么阻止了它的发展呢？"

考虑到当时还没有一个平台能够提供工业级的摄像头、控制器、机载诊断、评分和传感器，因此这项赛事还存在巨大的技术缺陷。此外，比赛还需要赞助商、投资者、专业竞争对手、媒体互动、场馆所有者和狂热粉丝的参与，共同打造这项赛事。事实证明，这是一个多维的僵局，因为各方人员都只想在其他成员已经就位后共襄盛举。面对越来越多的挑战，尼古拉斯并没有急于想出一个特定的解决方案，而是保持开放的心态，适应不断变化的环境。

虽然没有投资资金，也没有详细的比赛计划，但尼古拉斯并未等到一切就绪就开始了行动。尼古拉斯解释说："我们在错误的方向上全速前进了几个月之后才开始后退。"在他开始想要举办这项赛事之前，他甚至还没有完全解决技术缺陷，于是迎来了他的第一次失败。此外，他需要的工业级技术根本不存在。他告诉我："当时的技术还停留在业余爱好者的水平。当我们想要加速发展这项运动，想要这项运动更加完善时，却发现根本没有发展的基础。所以我们不得不停下来，彻底转型成一家科技公司。时至今日，'DRL'的核心还是工程。我们的团队中，超过半数的成员都是工程师。"

筹集资金是另一大难题。尼古拉斯表示，投资者要么一笑置之，认为这个想法很疯狂，要么会立即认为我们对这项运动抱着非常不切实际的期望。尼古拉斯回忆说："有些人认为这个设想太疯狂，而有些人已经在设想更完美的版本，我们在这两个现实之间摇摆不定。"

尼古拉斯获得了有限的启动资金后就开设了一个实验厨房。通过快速实验，团队拼凑出了技术平台的最初版本。为了使这项运动开始加速发展，团队对无人机、操作装置和赛场本身进行了快速的修补。但就在事情看起来很有希望时，尼古拉斯再次发现自己面临重大的困难。他用痛苦的声音说道："我们的第一次测试活动简直是一场灾难。我们邀请了所有潜在投资者，但没有任何成果。这非常令人沮丧。"

公司初具规模以后，尼古拉斯需要有跌倒七次，站起来八次的韧劲儿。就在这次不幸的演示之前的两个月，由于无人机的技术性能如此糟糕，于是他舍弃了之前所有的努力，从头开始重新制造无人机。尼古拉斯对投资者和合作伙伴许下了过高的承诺，他最担心的事情还是在这场灾难性的演示中真实地发生了。宾客们期待有120架无人机参与演示，但"DRL"只有12架无人机，其中几架无人机还缺少一些零部件。虽然这次经历让他们感到羞愧，但也让尼古拉斯和公司变得更加强大。团队并没有沉浸在耻辱中，而是重整旗鼓，回到实验厨房继续做实验。

2015年12月，"DRL"在迈阿密的海豚球场举行了首场真正的比赛，持续的实验终于得到了回报。尼古拉斯说："我们建造了赛道，打开了我们自制的无线电系统，第一次在赛道上驾驶无人机。这是一个非常特别的时刻。我和我们的技术主管站在球场内，互相看了看对方。我们是世界上第一个看到无人机以如此快的速度飞行如此复杂航线的人。这也让我们意识到，我们正在开辟新的天地。"在不到一年的时间里，迈阿密赛事的视频在全球的累计播放量超过了4300万人次。

当说到"不破不立"时，尼古拉斯用的不是笔记本电脑，而是一把大锤。尼古拉斯解释说："大多数人都觉得我们疯了，任何运动都没有必要重新设计规则。但我们必须这样做，因为飞行员的技术得到了提高，无人机技术也更新了，我们能够探索更多的可能性，所以需要调整积分规则，从而使这项运动尽可能获得更多的关注。总之，我们不能拘泥于旧的观念。"

该团队不单单只是调整以前的方法，他们还用高辛烷值的无人机燃料洒满了无人机的表面，点燃了所有的无人机。尼古拉斯笑着说："我们炸毁了所有的无人机。我们打破一切，从头开始。我们需要忘记过去所做的一切，忘记那些经历，重新开始。"

尼古拉斯兴奋地说，继续分享他不破不立的方法："我们这项运动的一大优点是我们没有任何的遗留问题阻碍我们前进。随着技术的发展，我们不断发展这项运动，技术也使我们能够做出新的尝试。从让人们通过 VR 无人机远程与专业人士比赛，到潜在地赋予无人机在空中相互进攻和防御的能力，所以你能想到的新事物我们都曾尝试。我们希望把用户在电子游戏中所见过的场面都融入这项运动。这是我们向无人机迷做出的承诺，所以这项运动每年都在发展，一定也会变得更加精彩。"

尼古拉斯和他的团队认为如果人工智能技术能够自动驾驶无人机，不用再由真人掌控，一定会是一种很酷的体验。他们与洛克希德·马丁（Lockheed Martin）的公司建立了合作伙伴关系，共同举办自动驾驶无人机比赛，如今该赛事已经成为专业驾驶赛事的暖场比赛。

尼古拉斯决定的另一个奇怪的策略是直接从他的粉丝群中招募下一代职业选手。他解释说："鉴于无人机赛事是一项远程机器人运动，所以我们经常说这项赛事处于数字和现实之间。参加比赛的人远程控制机器人，借此可以体验坐在模拟无人机而不是真实无人机上飞行的体验。我们构建了一款'DRL'模拟器，让所有人都有机会学习如何驾驶竞速无人机。之后，我们每年举行一次选拔赛。任何玩过模拟器的人都可以参与选拔赛，胜出的选手可以获得一份成为'DRL'飞行员的合约。"

尼古拉斯自豪地告诉我："无人机竞速赛是我们所知道的

世界上唯一一项单靠模仿就能学会的运动,当你赢得竞争性模拟赛后,就能立即参加现实中的职业联赛。"

尽管听起来创办无人机竞速联盟似乎要花费数十亿美元的成本,但尼古拉斯想出了如何用更少的成本完成这件事。为此,他与美国全国广播公司体育台(NBC Sports)和天空体育频道(Sky Sports)建立了早期媒体合作伙伴关系,并努力争取到了包括安联保险公司在内的早期主要赞助商。

"DRL"自然也会采用晚餐后的薄荷糖策略。当我向他解释这个概念时,尼古拉斯说:"生活中总会有惊喜和喜悦。晚餐后的薄荷糖理念对于降低人的自满情绪至关重要。例如,每年在冠军赛举办期间,我们都会在球场上放一些以前从未见过的东西。这不是为了取悦飞行员、球迷或球队。我认为这对球迷和飞行员来说都是一种享受,也会使我们的锦标赛变得更加激动人心。"

另一个策略是球迷观赏每场比赛的方式,因为"DRL"是唯一一项观众能够获得与参赛选手相同体验的运动。安装在无人机上的摄像头将视频信号反馈给飞行员,他们戴着VR护目镜,感觉就像自己坐在无人机里驾驶飞机。但飞行员并不是唯一过瘾的人,因为视频信号也直接反馈给了观众。尼古拉斯认为:"它让我们理解了观看体育赛事的意义。你不只是在观看比赛,也是在赛场上亲历比赛。这就像坐在一架快速飞行的喷气式飞机里,它在空中呼啸而过。对观众来说，这是一次独特的沉浸式体验。"

当尼古拉斯将难以置信的梦想变为现实时，他失败的频率几乎和无人机坠机一样频繁。但是他跌倒七次，站起来八次的心态让他能够在资金短缺、技术落后等危机中坚持下来。随着这项运动的发展，他不可避免地会经历更多的失败。也许有一天，他的一些失败案例会在失败博物馆中展出。尼古拉斯表示："在你看到无人机呼啸而过的同时，一定也会看到很多坠机事件。每场比赛中约有一半的无人机坠毁。无人机以每小时145千米的速度撞上一堵墙，然后爆炸成无数碎片，场面一度很壮观。"

虽然他只是口头上说无人机，但我很确定他已经内化了这个概念。一些创造性的想法会转化成实际的创新，而另一些会在尝试中消逝。速度和复杂性决定了一个创造性想法的成败。但凡你想要实现或维持任何引人瞩目的成就都需要韧性。尼古拉斯是日常创新的化身。他将创造力视为一种日常习惯、一门必修课。他通过数十个渺小而伟大的突破，为新的职业体育联盟带来了巨大的革新。借助日常创新者的八大理念，他创办了一个没有真正竞争对手和无限增长潜力的巨头联盟。

但尼古拉斯并不想谈论隐喻或假设，而是把话锋转回到了惊险的比赛当中。"如果一位粉丝观看了我们的一场比赛，首先映入眼帘的就是这条精心制作的、灯火通明的三维赛道，灯光穿透了所有建筑物。我们在各个地方都举办过比赛，从传统的体育场到伦敦郊外的宫殿，再到慕尼黑的宝马总部。无论我们在哪里举办比赛，你都会看到这些霓虹灯，感觉自己置身于科幻电影里。"

谈话即将结束时，尼古拉斯笑着说："我们举办的是三维竞速赛，参赛选手不是汽车，而是机器人。这些运动员的表现堪比赛车手。这些是与传统的竞速赛不同的地方，但不论哪种竞速赛，最终都要看谁先到达终点。"

尼古拉斯利用创造性的领导才能带领"DRL"最先到达终点。当我们在自己的职业和生活中穿梭于各种复杂且竞争激烈的赛场时，等待我们的是同样令人兴奋的旅程。如果不慎高速撞到墙上，你可能会经历痛苦的时刻。飞行的过程中，路线可能会发生变化，毫无疑问会有其他人从我们身边呼啸而过，试图将我们从空中击落。令人恍然大悟的时刻可能会带来令人欣喜的荣耀，但也会伴随着激烈的碰撞，所以我们要力求浴火重生，坚持自己的创造性追求。

目前，我们对自己真正的创造能力有了一定的了解，也已经准备好了最新的装备，准备投入战斗。通过培养日常创造力的习惯，我们提高了自己的熟练程度，就好比原本只会模仿的业余无人机飞行员变成了专业飞行员。业余飞行员通过严格的技能训练提高了飞行的技能，如果我们接受了共同学习的思维方式和策略，创造性技能也会随之得到提升。

无人机竞速联盟不是会员制俱乐部,创新也是如此。不同背景、身体特征和地理位置各异的男男女女都能实践创新,每个人都有不同的观点和想法。创新是一项我们所有人都能学会的运动。

现在,是时候与这个世界分享我们的创造力了。

第十三章
你的良机

我们一起走过了一条漫长的道路，也深入钻研了关于人类创造力的最新研究，发现每个人都蕴藏着深厚的能力储备，需要我们自己唤醒体内冬眠已久的创造力。我们还了解到了创新对于我们的职业和生活的重要性，研究了微小的创意升级如何转化为巨大的竞争优势。我们研究了各行各业有创造力的人的习惯，阐明了每天的微小练习能够促进创造力水平的提升。最后，我们也证实了，无论背景如何，人类创造力的普遍力量能够转化为有意义的优势。

《我的良机》(My Shot)是林-曼努尔·米兰达的音乐剧《汉密尔顿》中最广为流传的插曲。歌词讲述了年轻的汉密尔顿的雄心壮志，以及他计划如何利用饥饿和斗志让自己出人头地并影响他的国家。歌词阐明了他想要抓住机会的坚定决心，不愿浪费任何机会。他努力挖掘自己的潜力，不懈地追求自己的职业生涯，拒绝放弃任何机会。除了自己把握住机会外，他还坚持让其他人也挖掘潜力，抓住机会。他认为，我们都有机会去尝试，勇于尝试是每个人的责任。

如今你已经练就了必要的方法和心态，是时候抓住自己的机会了，像汉密尔顿一样，带着勇气和承诺勇敢尝试。即便没有成功，也好过不敢尝试。

作家尼杜·库比恩（Nido Qubein）说得很好："自律的代价总是要比后悔的代价低的。"虽然只有自律才能充分提升我们的创造技能，但我们的创造力才是我们释放自己全部潜力的关键。

当你开始尝试实践渺小而伟大的突破时，请记住，即使是最能改变世界的创新也都以众多不足为道的小创意为基础。巨大的、疯狂的波动未必能带领你走向成功的前进道路，相反每天培养的小创意会共同创造出有意义的结果。如果我们能够养成这样的习惯，发展自己的技能，尝试的风险会更小，但影响力会更大。

你能走多远

在 2016 年的迪士尼出品的动画电影《海洋奇缘》（*Moana*）中，莫阿娜生活在夏威夷一个宁静的岛上。她的家人世世代代都居住在这个岛上，他们希望莫阿娜永远不要离开这里。在这个郁郁葱葱的岛上，一切都很舒适，但舒适的生活并未让她因此而满足。大海呼唤着她，她知道她注定要离开这座舒适的小岛，做出一番事业。她并不清楚地平线之外的挑战和机遇对她来说意味着什么，她也完全不确定自己能走多远。但在她的心里，她清楚自己必须离开孤岛的安全海岸去完成她的使命。

或许我们也完全清楚这样的岛屿会让我们多么有安全感，明白乘船驶入未知的水域多少需要一些勇气。但是，我们共同学习的技能将使你的航行更加安全，也为你提供了到达目的地所需的所有工具。既然你已经用新技能武装了自己，是时候抛开束缚，发挥自己全部的创造潜能，是时候看看你究竟能走多远了。只有驶入未知水域才能发现自己究竟能走多远。让我们成为日常创新者，在世界上留下属于我们自己的印记吧。

是时候做出新的尝试了。

是时候看看自己究竟能走多远了。

致　谢

撰写这本书或许看上去是一种个人行为，但实际却是团队努力的结果。如果没有团队成员的鼎力支持，我根本无法完成本书的创作。我首先向他们表示诚挚的感谢。

致我的伙伴、灵魂伴侣、妻子和英雄蒂亚·林克纳（Tia Linkner）……你激励着我，让我成为最好的自己。没有你的无条件支持，这本书永远不会面世。感谢你成为我的缪斯、我的编辑、我的治疗师和我的灵感。我爱你！

其次，非常感谢鸭嘴兽实验室（Platypus Labs）的同事们。我的长期商业伙伴乔丹·布罗德（Jordan Broad）、超级搞笑的马特·西科恩（Matt Ciccone）、优秀又帅气的康纳·特朗布利（Connor Trombley）、神秘的凯泽·杨（Kaiser Yang），以及安静的刺客莉娜·凯萨（Lina Ksar）。很荣幸与你们合作，很感激你们让世界变得更有创造力。此外，我衷心地向托里·安德曼（Tori Anderman）表达我的敬意，他的研究对本书的创作至关重要。

完成本书的创作后，我也得到了一些朋友们的帮助，他们成了这本书的试读者。他们一章一章地读完了粗略的手稿。然后向我提供了宝贵的意见，使我更好地完成本书的创作。感谢亚历克斯·班印（Alex Banyan）、本·尼姆汀（Ben

Nemtin)、迈克·斯科特（Mike Scott）、蕾妮塔·林克纳（Renita Linkner）等人，由衷感谢你们的宝贵意见。

非常感谢本书发行和出版的幕后团队：安东尼·齐卡迪（Anthony Ziccardi）、玛迪·斯特金（Maddie Sturgeon）和梅雷迪斯·迪迪埃（Meredith Didier）等人。

感谢在我创作本书的过程中，接受我采访的创新者们，我也得到了很多业内同仁和朋友的专业指导和支持。

非常感谢我富有创造力的家人们。谢谢我的4个孩子：诺亚、克洛伊、阿维和塔利亚。我为你们感到骄傲，永远爱你们。最后，感谢你为了提升自己的创造力花费几个小时阅读本书。我希望你有所收获，也能收获开心。我祝愿你未来取得巨大的创造性成功。请开始去"惹"麻烦吧！

乔希·林克纳